LE
MUSÉE RÉTROSPECTIF

DE LA

PHOTOGRAPHIE

A L'EXPOSITION UNIVERSELLE DE 1900

PAR

MM. A. DAVANNE & MAURICE BUCQUET

avec la collaboration de :

M. LÉON VIDAL

PARIS

GAUTHIER-VILLARS, IMPRIMEUR-LIBRAIRE

ÉDITEUR DE LA BIBLIOTHÈQUE PHOTOGRAPHIQUE

55, quai des Grands-Augustins

—

1903

LE MUSÉE RÉTROSPECTIF

DE LA

PHOTOGRAPHIE

A L'EXPOSITION UNIVERSELLE DE 1900

Médaille d'Oudiné (1866).

Héliogravure Dujardin   Léonard Berger pinx

JOSEPH NICÉPHORE NIEPCE

né à Châlon s/ Saône le 7 Mars 1765

décédé au Gras en 1833.

Imp. Ch. Wittmann

LE
MUSÉE RÉTROSPECTIF

DE LA

PHOTOGRAPHIE

A L'EXPOSITION UNIVERSELLE DE 1900

PAR

MM. A. DAVANNE & MAURICE BUCQUET

avec la collaboration de :

M. Léon VIDAL

PARIS

GAUTHIER-VILLARS, IMPRIMEUR-LIBRAIRE

ÉDITEUR DE LA BIBLIOTHÈQUE PHOTOGRAPHIQUE

55, quai des Grands-Augustins

1903

COMITÉ D'INSTALLATION DE LA CLASSE 12

Bureau.

Président : M. Marey (le docteur Jules-Étienne), C. ✳, membre de l'Institut et de l'Académie de médecine, chronophotographie et photographie scientifique.

Vice-président : M. Davanne (Alphonse), O. ✳, vice-président du Comité d'administration de la Société française de photographie.

Rapporteur : M. Vidal (Léon), presse photographique, professeur à l'École nationale des Arts décoratifs, président honoraire de la Chambre syndicale des photographes.

Secrétaire : M. Berthaud (Michel), phototypie, président de la Chambre syndicale de la photographie.

Trésorier : M. Poulenc (Émile), produits chimiques [Maison Poulenc frères].

Membres.

MM. Bellingard (Pierre), photographe, portraitiste.

Bourgeois (Paul), photographe amateur, secrétaire général du Photo-Club de Paris.

Braun (Gaston), ✳, photographe des musées nationaux.

Bucquet (Maurice), président du Photo-Club de Paris.

Dubouloz (José), ✳, président de la Chambre syndicale des fabricants et négociants en appareils et produits photographiques.

Fleury-Hermagis (Jules), instruments d'optique, président d'honneur de la Chambre syndicale de la photographie [Constructeurs].

Geisler (Louis), papiers, photogravure, impressions diverses.

Lumière (Louis), plaques et papiers photographiques [Maison A. Lumière et ses fils].

Molteni (Alfred), ✳, appareils à projections photographiques.

Nadar fils (Paul), photographe, portraitiste.

Neurdein (Étienne), photographe-éditeur, photocollographie [Maison Neurdein frères].

Architecte.

M. Godefroy (Jules), architecte du Gouvernement, diplômé.

COMMISSION DU MUSÉE RÉTROSPECTIF

MM. Davanne.
Braun.
Molteni.
Nadar.
Vidal.

Rapporteurs du Musée rétrospectif.

MM. Davanne et Maurice Bucquet, avec la collaboration de M. L. Vidal.

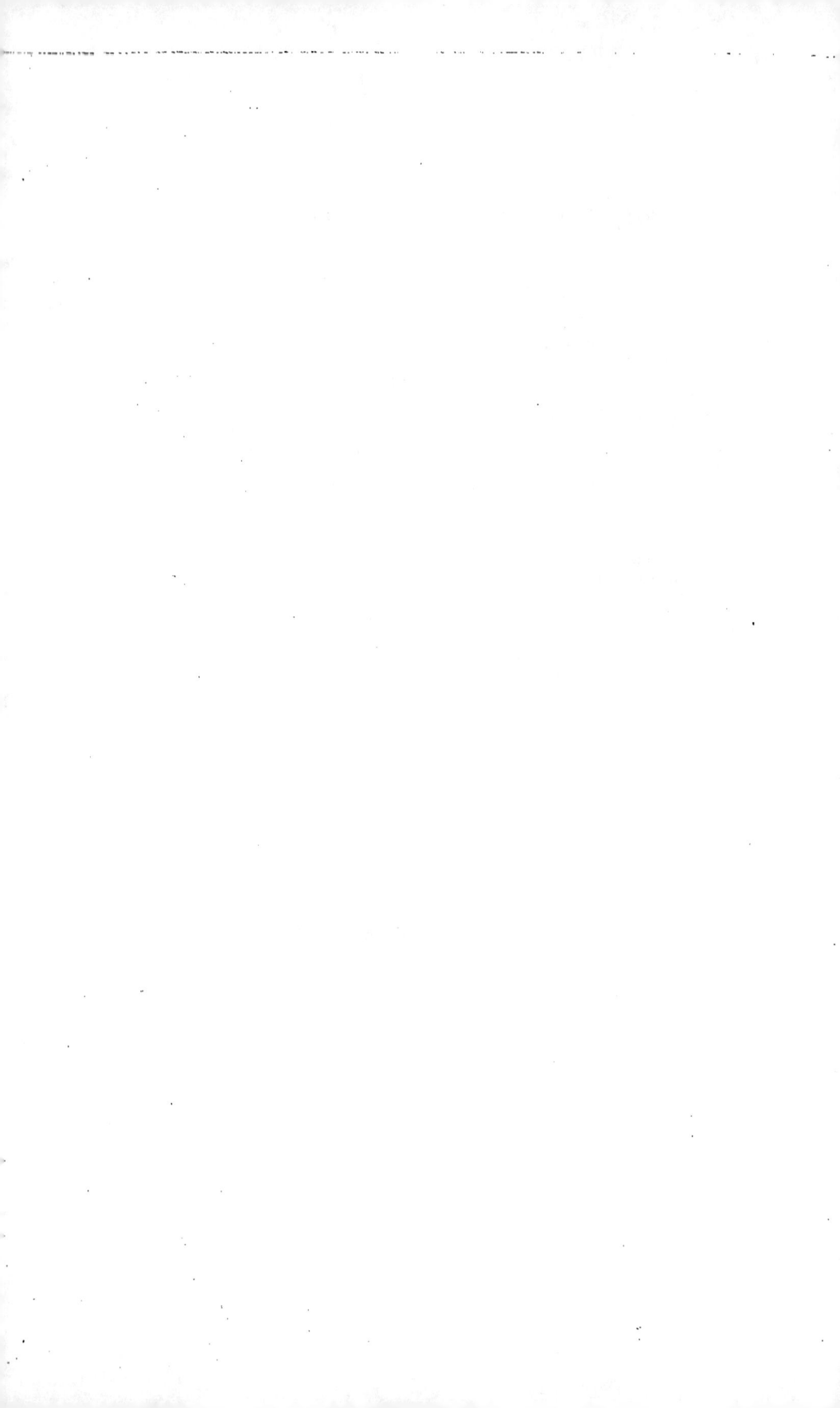

INTRODUCTION

Le Musée centennal de la Photographie (Classe 12, Groupe III) à l'Exposition universelle de 1900 a permis de remonter aux origines et de voir la série des inventions et des progrès qui ont amené la Photographie à son développement actuel et à ses nombreuses applications; maintenant la photographie comprend toutes les branches des connaissances humaines. Faire une étude de ce Musée centennal, c'est refaire, aussi succinctement qu'il nous sera possible, l'histoire de la Photographie française en l'illustrant par de nombreuses photogravures prises le plus souvent sur les pièces originales qui formaient l'ensemble de ce Musée et qui donnent les preuves authentiques de nos affirmations.

Notre rapport est divisé en cinq parties comprenant :

1° Les premières recherches et les premières inventions ;

Images positives directes
- au bitume de Judée (Nicéphore Niepce);
- aux sels d'argent sur papier (Bayard) ;
- sur plaque d'argent (Daguerre).

Images négatives sur papier (F. Talbot).

2° La photographie négative et ses dérivés.

3° La photographie positive. — Ses divers procédés d'impression.

4° L'historique de la photogravure, par M. L. Vidal.

5° La photographie directe et indirecte des couleurs, par M. L. Vidal.

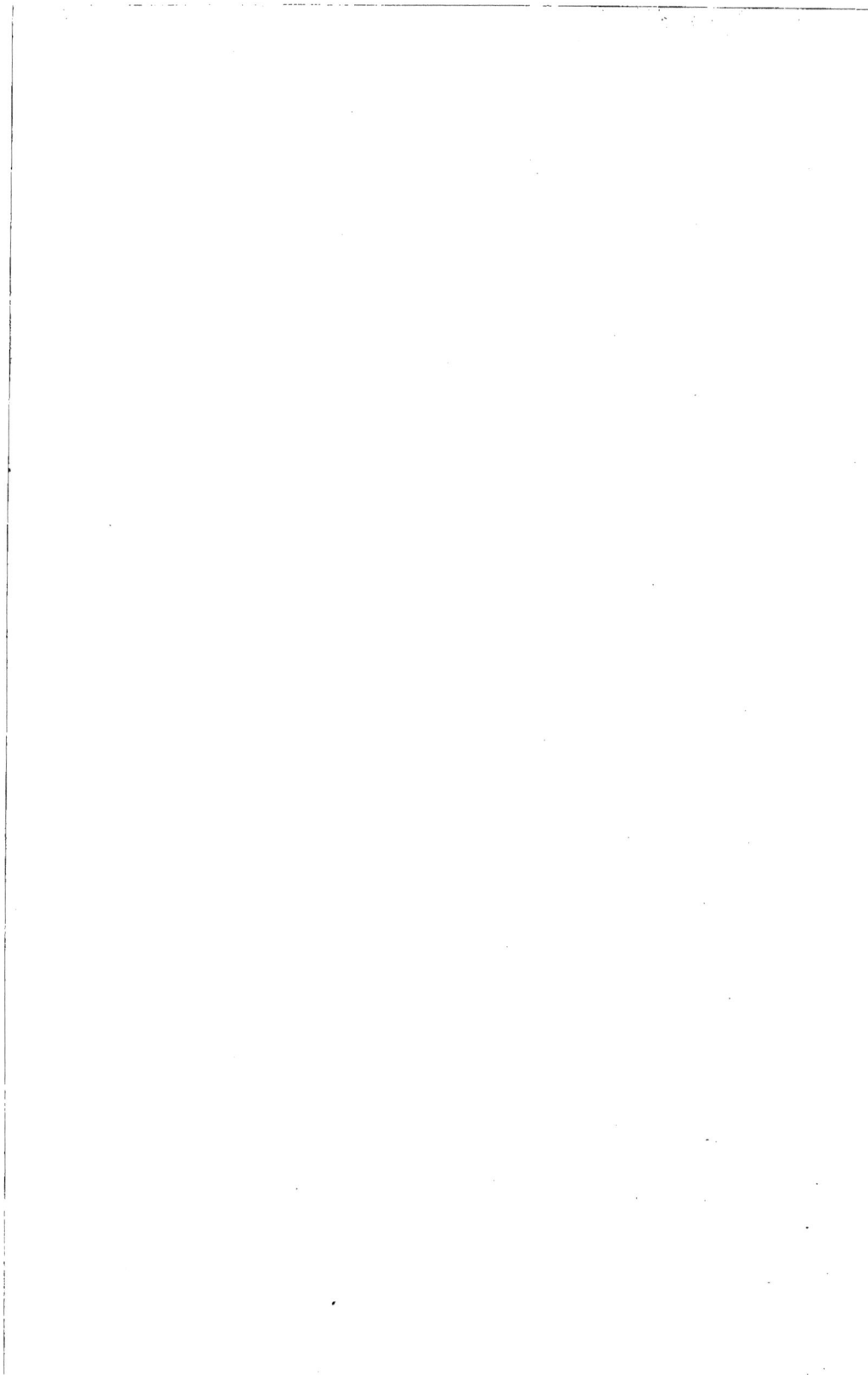

Louis Jacques Daguerre (1787-1851)
Reproduction d'une lithographie d'Aubert.

La Section rétrospective de la Classe 12.

I

PREMIÈRES RECHERCHES & PREMIÈRES INVENTIONS

Bien que l'invention de la Photographie soit relativement récente (1823 et 1824), il serait difficile d'en fixer la date si on voulait y rattacher toutes les remarques ou les études antérieures sur les actions colorantes de la lumière, soit que ces remarques ou ces études n'aient pas eu pour but de fixer l'image des sujets visibles, soit que ce but n'ait pas été atteint.

Il faudrait d'abord définir ce que l'on entend par photographie, et nous proposons la définition suivante :

« Sous le nom général de photographie on comprend l'ensemble des méthodes permettant d'obtenir, par l'action des radiations visibles ou invisibles pour nos yeux, l'image voulue et durable d'un sujet réel. »

Le problème ainsi posé fut abordé dans sa partie principale par Nicéphore Niepce dès 1813, 1814, 1815, et, après de longues recherches, il le réalisa par des essais dont il reste l'épreuve faite par lui en 1823 ou 1825, à laquelle il faut joindre plusieurs photogravures sur étain obtenues par contact, telle que celle du cardinal d'Amboise dont la planche, remontant à 1824, est au musée de Châlons-sur-Marne ; N. Niepce avait donné à ce procédé de gravure par la lumière le nom d'*héliogravure* (1).

---

(1) Voir les lettres de Nicéphore Niepce dont la plupart des originaux sont déposés à la bibliothèque du Conservatoire des Arts et Métiers et dont on retrouve la majeure partie dans le livre de Fouque : *la Vérité sur l'invention de la Photographie*. (Librairie Ferrand, à Chalon-sur-Saône, 1867.)

Pour photographier un sujet quelconque il faut réunir deux conditions : 1° produire l'image lumineuse du sujet, ce que l'on obtient généralement par la chambre noire; 2° recevoir cette image sur une surface sensible à la lumière qui en conservera l'impression.

Pour ses premières recherches, N. Niepce avait construit lui-même une petite chambre noire dont l'objectif était une lentille détachée de son microscope.

Après de nombreux essais faits avec diverses substances chimiques telles que le muriate de fer (perchlorure de fer), le phosphore, la résine de Gaïac, il adopta le bitume de Judée, et on trouvera tous les détails dans son acte d'association avec Daguerre (14 décembre 1829) (1).

Images positives directes au bitume de Judée (Nicéphore Niepce). — La théorie de ce procédé est des plus simples, le bitume dissous d'abord dans l'huile de

Première épreuve au bitume de Judée, de Nicéphore Niepce
(1823 ou 1825).

lavande est étendu sur une plaque de métal ou de verre. Sous l'action plus ou moins énergique des rayons lumineux, le bitume devient plus ou moins insoluble dans son premier dissolvant additionné d'huile de pétrole, il en résulte soit une image, soit une réserve qui peut être gravée; les deux épreuves originales reproduites en photogravure ont été obtenues en 1823 et 1824 par ce procédé : l'une est la reproduction d'une image d'après nature, l'autre est la reproduction d'une photogravure sur étain.

Ces deux résultats obtenus par N. Niepce contenaient en germe toute la photographie, car ils comprennent la fixation de l'image de la chambre noire et un procédé de photogravure encore utilisé aujourd'hui. Niepce fut donc, pour employer l'heureuse expression de M. Colson (2), le premier créateur de la photographie auquel il faut adjoindre Bayard, Daguerre, Fox Talbot et plus tard Poitevin, qui ont sensiblement les mêmes droits au titre de créateurs.

Vers la même époque, Daguerre poursuivait de son côté la reproduction des images de la chambre noire; célèbre déjà par sa belle invention du diorama, il

---

(1) Voir Fouque : *la Vérité sur l'invention de la Photographie*, pages 167 à 175; on retrouve dans ces pages l'emploi par Niepce d'une feuille de plaqué d'argent, des vapeurs d'iode, une remarque sur l'apparition de quelques couleurs et sur la cause probable de ces colorations.

(2) *Les Créateurs de la Photographie*, conférence faite à la Société française de Photographie, par R. Colson. (Gauthier-Villars, éditeur.)

LE CARDINAL D'AMBOISE
Reproduction d'une gravure, par Nicéphore Niepce, en 1824.
Procédé au bitume de Judée.

cherchait à reproduire par la seule action de la lumière les dessins qu'il relevait avec difficulté et longueur de temps au moyen de la chambre claire ou de la chambre noire sur la glace dépolie de laquelle il lui était facile de copier les traits de l'image.

Ayant eu connaissance de leurs recherches mutuelles, Niepce et Daguerre s'associèrent par un traité signé le 14 décembre 1829 enregistré à Chalon-sur-Saône le 13 mars 1830, dont il existe plusieurs copies photographiques authentiques, et ils continuèrent leurs travaux.

Signatures de Niepce et de Daguerre apposées au bas du traité du 14 décembre 1829.

Malheureusement Niepce mourut en 1833, et le résultat de ses recherches continuées par Daguerre ne fut rendu public qu'en 1839 par le très remarquable rapport que François Arago fit à l'Académie des Sciences en juillet 1839, puis à la Chambre des députés, rapport dans lequel l'illustre savant prévoyait déjà le grand avenir de la photographie tout en faisant quelques réserves sur certaines de ses applications, entre autres celles relatives à l'astronomie, dont il croyait la réalisation impossible; toutes ces réserves sont actuellement largement dépassées.

Par les recherches et les découvertes personnelles de Daguerre (1833 à 1839), le procédé primitif et lent de Nicéphore Niepce est complètement transformé, le bitume est abandonné et remplacé par l'iodure d'argent dont la sensibilité à la lumière est très supérieure et, découverte merveilleuse, qui doit illustrer à jamais le nom de Daguerre que l'on commence à trop oublier actuellement, le grand inventeur fit connaitre que l'action de la lumière sur la surface sensible peut être invisible et excessivement rapide, qu'elle est susceptible d'être développée ensuite par un réactif approprié; Daguerre avait découvert l'image latente, base actuelle de toute la photographie.

Images positives directes sur papier (Bayard). — Bayard, chef de bureau au Ministère de la Marine, modeste et timide, présenta au public le 24 juin 1839 (1), avant la publication des procédés de Daguerre, des épreuves positives sur papier obtenues directement à la chambre noire ; son procédé, qu'il ne fit connaître que plus tard, mérite d'être mentionné de nouveau parce qu'il peut avoir des applications dans l'avenir et que nous pensons qu'on peut y trouver l'explication théorique du renversement des images par la surexposition.

Bayard préparait une feuille de papier sensible au chlorure d'argent avec excès d'azotate d'argent, l'exposait en pleine lumière jusqu'à complet noircissement de toute la surface ; après l'avoir bien lavée, il la recouvrait d'une solution d'iodure de potassium ; la sensibilité de la surface était renversée. En recevant sur cette feuille pendant un temps assez long l'image formée dans la chambre noire, il obtenait une

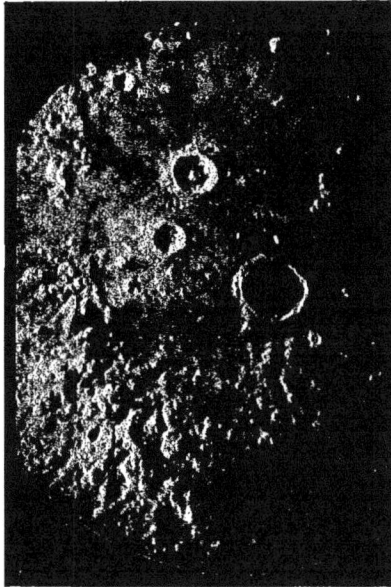

Photographie d'une région lunaire
(Cercle d'Archimède)
Par M. M. Henry, 1887.
Image renversée obtenue directement d'après le cliché négatif.

épreuve positive : sous l'influence de la lumière, l'iodure de potassium décomposé proportionnellement à l'intensité lumineuse se porte sur l'argent de la feuille et le transforme en iodure jaune clair ; il résulte de l'ensemble une épreuve positive directe. Un lavage au chlorure de sodium consolidait (?) cette image sans la fixer.

Le fixage à l'hyposulfite de soude n'était pas encore découvert ; les épreuves ainsi obtenues étaient lentement altérées par l'action de la lumière. Il en reste encore quelques vestiges dont nous donnons ici la reproduction pour bien constater les droits de Bayard au titre d'inventeur. Plus tard, Bayard appliqua à l'image latente le procédé qu'il avait expérimenté pour l'image directe ; déjà on avait pu comprendre par diverses expériences que ces deux modes d'action de la lumière

---

(1) *Moniteur officiel* du 22 juillet 1839. Compte rendu de l'exposition organisée rue des Jeuneurs, à Paris, dans la salle des Commissaires priseurs, au profit des victimes du tremblement de terre de la Martinique.

marchaient parallèlement (1), et nous rappelons pour mémoire l'intéressante expérience que Bayard fit dans l'atelier du comte O. Aguado.

Bayard. — Epreuve directe à la chambre noire (1839).

Bayard avait préparé une plaque au collodion humide par la méthode ordinaire, il la lava et, feignant de chercher si ce lavage était convenable, il ouvrit toute grande la porte du cabinet noir et regarda la plaque en pleine lumière au grand émoi des assistants, car au développement cette plaque fût devenue complètement noire : « Bah! dit-il, cela ira tout de même » ; il couvrit sa plaque d'une solution d'iodure de potassium, l'exposa à la chambre noire et développa une image positive directe au grand étonnement des personnes présentes. Poitevin fit cette même expérience (2).

Photographie sur surface d'argent (Daguerréotype). — Le procédé de Daguerre était simple et pratique, nous le résumons brièvement : une lame d'argent ou de plaqué d'argent, absolument propre et polie, est soumise aux vapeurs d'iode dans l'obscurité, elle se couvre d'une couche infiniment mince d'iodure d'argent qui est la surface sensible; exposée quelques minutes dans la chambre noire à la place même de la glace dépolie sur laquelle la lumière formait l'image, cette plaque est impressionnée, mais cette impression est invisible. Comment Daguerre eut-il l'intuition qu'elle existe, qu'un révélateur va la faire apparaître ? Nul ne le sait : mais, sur cette plaque, soumise dans l'obscurité à de faibles vapeurs mercurielles, l'image se forme peu à peu et il se dessine une épreuve positive d'une merveilleuse finesse.

Il reste quelques épreuves obtenues par Daguerre lui-même, entre autres celle qui était exposée par M. François de la Jalette, portant la date de 1839 ou 1840, curieuse comme conservation, dimension et document historique ; elle

(1) *Chimie photographique*, par Barreswil et Davanne, page 183, 4e édition. (Paris, Gauthier-Villars, éditeur.)

(2) Ne trouve-t-on pas dans cette action d'un iodure alcalin ou similaire sur un sel d'argent sensible l'explication théorique du renversement de l'image par excès de pose?

Étant donnée une surface sensible absolument neutre comme celle du gélatino-bromure d'argent, la première influence des rayons lumineux est d'écarter les molécules de brome des molécules d'argent et de les reporter sur la matière organique (gélatine ou autre) : à ce moment la surface de la plaque est dans sa phase négative ; lorsque l'action se prolonge ou devient trop énergique, telle par exemple l'image directe du soleil, la molécule organique, qui est en quelque sorte devenue bromurée, cède à son tour le brome à la molécule argentique, elle joue le rôle de l'iodure de potassium comme dans le procédé de Bayard, et la surface sensible passe de l'état voulu pour produire un négatif à l'état qui peut donner un positif; par une exposition de plus en plus longue, le phénomène se renverse de nouveau; la molécule de brome oscille ainsi, sous l'influence de la lumière, de la molécule d'argent à la molécule organique avec une lenteur de plus en plus accentuée, ainsi que l'a indiqué M. Janssen quand il a fait ses expériences sur le renversement des images.   A. D.

représente la place de la Concorde et les hauteurs de Montmartre prises du haut des marches de la Chambre des députés.

Une autre épreuve obtenue par Daguerre fait partie des archives de la Société française de Photographie.

Le procédé est donc pratique ; à la suite des remarquables rapports de François

LES TUILERIES
Épreuve sur plaqué d'argent obtenue par Daguerre.
(*Collection du Conservatoire des Arts et Métiers.*)

Arago, le gouvernement français se rend propriétaire du procédé moyennant 10 000 francs de rente viagère, dont 6 000 à Daguerre et 4 000 aux héritiers de Nicéphore Niepce, et, libéralement, il abandonne l'invention au domaine public, c'est-à-dire au monde entier.

Le résultat de cette libéralité ne se fit pas attendre, les perfectionnements commencèrent immédiatement ; ils furent nombreux et pratiques et la photographie, malgré le peu d'encouragements qu'elle reçut en France, parvint à son épanouissement actuel. Elle est pratiquée dans toutes les nations du globe, mais il lui fallut plus de cinquante ans pour qu'elle passât de son isolement primitif à la fusion avec tous les arts graphiques (typographie, gravure, lithographie, illustrations en noir et en couleurs) et à son utilisation dans toutes les sciences d'observation, dans les arts et dans la plupart des grandes industries.

L'image daguerrienne, quelque intéressante qu'elle fût, présentait encore de nombreuses lacunes ; l'impression latente était relativement lente bien qu'elle ne demandât que quelques minutes ; l'image développée par les vapeurs mercurielles s'altérait par le plus léger frottement, elle était renversée comme le sont toutes les images de la chambre noire, elle était unique, et pour en obtenir une seconde il fallait répéter toute la série des opérations.

D'illustres savants français et étrangers s'efforcèrent d'atténuer ou de faire disparaître ces défauts ; en Angleterre Claudet, en France Foucault, proposèrent avec succès l'emploi du brome dont les propriétés chimiques sont très rapprochées, identiques presque, avec celles de l'iode ; le brome, employé seul ou avec excès, ne donnait que des images voilées (1), mais, mélangé à l'iode, il augmenta la sensibilité dans une telle proportion que la pose ne fut plus que de quelques secondes au lieu de quelques minutes, on put même arriver à l'instantanéité ; nous avons vu,

LE PONT NEUF EN 1843
Épreuve daguerrienne instantanée.

passage Jouffroy, à l'époque où florissait encore la photographie daguerrienne, de fort belles plaques, dont les images très nettes représentaient une flotte tirant des coups de canon ; ces épreuves, si nos souvenirs sont exacts, avaient été obtenues par M. Macaire. Une épreuve daguerrienne, appartenant à Mme Berthaud, représente une vue instantanée du Pont Neuf. Foucault et Fizeau inventèrent un moyen très élégant de consolider et d'améliorer l'image sur la plaque en la couvrant d'une faible solution d'hyposulfite double d'or et de soude (sel d'or de

(1) A cette époque, on n'avait encore étudié suffisamment ni l'action des divers rayons du spectre sur la surface sensible ni l'extrême sensibilité du bromure d'argent. Les préparations se faisaient soit à la lueur d'une bougie un peu éloignée soit avec l'éclairage d'un verre jaune assez faible. Il y aurait toute une étude nouvelle à faire sur l'emploi des surfaces d'argent bromurées dans les conditions d'un éclairage tout à fait antiactinique.

PORTRAIT DE L'INGÉNIEUR MORSE

D'APRÈS UN DAGUERRÉOTYPE DE DAGUERRE

Fordos et Gelis) et en la chauffant rapidement en dessous ; il se produit alors sur l'image mercurielle un amalgame blanc, les parties noires prennent de la vigueur, l'épreuve est en même temps virée et consolidée, elle peut supporter un léger frottement. C'était la première utilisation des sels d'or pour le virage des photographies.

L'épreuve renversée fut redressée au moyen d'un prisme ou mieux d'une glace parallèle placée devant l'objectif, mais le temps de pose était alors légèrement augmenté.

A la même époque, de nombreuses tentatives furent faites pour transformer la plaque daguerrienne en planche gravée, notamment par Foucault et par A. Poitevin. On chercha à obtenir par dépôts galvaniques les réserves nécessaires pour la morsure et la gravure en creux des plaques; quelques rares épreuves ont été gravées par ces procédés, entre autres la reproduction de monnaies anciennes dont nous avons regretté de ne pouvoir présenter les spécimens; par contre, il y avait à l'Exposition centennale un album de vues diverses gravées surtout à la main d'après les vues obtenues sur plaques daguerriennes. Cet album était exposé par M. J. Richard. C'était un acheminement vers l'illustration par la photographie.

Dans ces conditions nouvelles de rapidité, de solidité relative et d'exécution assez facile, le « daguerréotype », nom donné à la photographie

Affiche réclame d'un professionnel (vers 1845).

daguerrienne, compta des adhérents de plus en plus nombreux; le procédé était assez pratique pour être exploité par des professionnels; bien qu'ils n'eussent à espérer de bénéfices que par l'exécution des portraits, il se créa bientôt de très habiles opérateurs qui produisirent des portraits remarquables. Mais le fac-similé

2

ci-joint d'une réclame de l'époque nous donne une idée des prétentions déjà exagérées des adeptes du procédé de Daguerre.

Les appareils primitifs de Daguerre, modifiés et améliorés, ne demandaient qu'un peu d'habileté manuelle ; ils se bornaient à une presse et un polissoir pour préparer les plaques, une boîte à double compartiment pour soumettre successivement ces plaques aux vapeurs de l'iode et du brome, une petite caisse à fond de tôle, montée sur pied pour exposer la plaque impressionnée aux vapeurs de mercure, deux cuvettes pour le fixage et le lavage, un support à vis calantes pour le passage au sel d'or, auxquels il faut joindre l'instrument principal de toute photographie, la chambre noire munie de son objectif ; un ensemble de ces appareils avait été exposé par M. Thouroude et aussi par la Société Française de photographie. La chambre noire, d'abord très simple et formée de deux tiroirs rentrant l'un dans l'autre pour la mise au point, se transforma dans les ateliers de Ch. Chevalier et par les soins de A. Giroux (1), le concessionnaire de Daguerre, en appareils de luxe et d'une ébénisterie excessivement soignée destinés aux amateurs déjà nombreux.

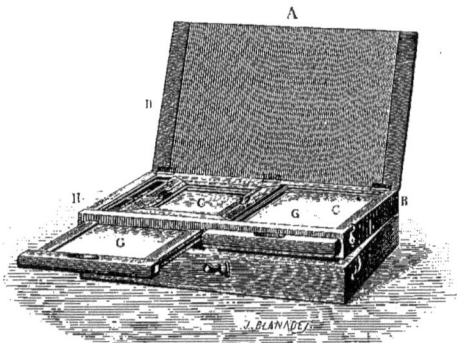

Polissage des plaques daguerriennes.

Boîte à iode et à brome.

L'objectif, qui est l'âme de l'appareil, puisque c'est lui qui forme l'image à reproduire, subit successivement des perfectionnements considérables, ayant toujours

(1) M. Bazin, gendre de Giroux, possède dans ses archives les lettres et autres pièces échangées entre Daguerre et Giroux, son beau-père; il pourrait être intéressant de les compulser.

pour but d'augmenter en même temps le champ de netteté et la luminosité de l'image. L'objectif simple à petit diaphragme était trop lent pour l'obtention des portraits. Petzwal, savant physicien de Vienne, fit les calculs, encore utilisés aujourd'hui, grâce auxquels les opticiens purent construire des objectifs doubles à grands diaphragmes beaucoup plus lumineux et beaucoup plus rapides.

L'ingénieur Chevalier construisit également des objectifs doubles pour portraits et paysages, et avec la collaboration de M. Clemandot, ingénieur verrier, il essaya le premier, pour la photographie, des matières vitreuses nouvelles, entre autres les verres à base de zinc. Nous retrouverons, dans les périodes successives des progrès photographiques, une

Boîte à mercure.

série d'améliorations constantes dans la fabrication des objectifs et quelquefois une exagération telle que celle qui amena la fabrication d'objectifs monstres, puis le retour à des dimensions plus rationnelles.

Malgré l'embarras nécessité par le transport d'un matériel assez encombrant, car la plaque daguerrienne sensibilisée s'altérait très rapidement et exigeait que l'exposition, puis le développement suivissent de près la sensibilisation, ce procédé fut employé pour l'obtention de vues extérieures, telles que les paysages, les monuments, etc.; l'image devait toujours être redressée.

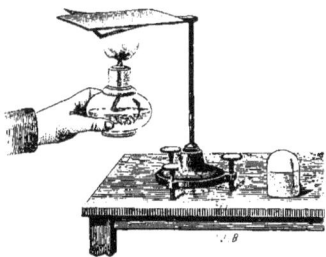

Support pour dorer l'image daguerrienne.

Martens profita de la souplesse de la plaque métallique pour lui faire épouser dans un châssis spécial la courbe nécessaire à l'obtention de vues panoramiques. Deux belles épreuves panoramiques de 0,14 sur 0,50, obtenues en 1843, étaient exposées par M. Jules Richard ; une épreuve panoramique sur plaqué d'argent existe dans les archives de la Société Française de photographie.

L'épreuve sur plaqué d'argent présentait, outre le miroitement, le défaut très grave de toutes les surfaces d'argent; sous l'influence des gaz atmosphériques sulfurés, elle noircissait peu à peu et disparaissait à moins qu'elle n'ait été encadrée avec des soins exceptionnels la mettant

tout à fait à l'abri de l'air; aussi, malgré l'énorme quantité de daguerréotypes
exécutés pendant une période de douze à quinze ans (1840 à 1855), il n'en
reste qu'un petit nombre. Cette perte est d'autant plus regrettable qu'elle
nous prive de nombreux portraits originaux de célébrités de cette époque;
on a pu examiner avec intérêt au Musée centennal de 1900 un très beau
portrait (daguerréotype) exposé par Mme Loreau avec la mention : « Belle
épreuve remise par Daguerre à M. Bapterosse, et indiquée comme étant le
portrait de l'ingénieur Morse ». Nous en donnons ici la reproduction; une
autre plaque également exposée représentait un groupe moins réussi, mais

Épreuve daguerrienne (1844).
(Lerebours, opticien; Martens, inventeur du premier appareil panoramique appliqué
au daguerréotype; Antoine Gaudin.)

intéressant, dans lequel on retrouve Lerebours, associé de Secretan, célèbres
opticiens de cette époque; Martens, l'inventeur de l'appareil panoramique
ci-dessus mentionné; Marc-Antoine Gaudin, calculateur au Bureau des Longi-
tudes, et Adolphe Martin, professeur de physique dont les recherches scientifiques contribuèrent aux progrès de l'optique et de la chimie photographiques; cette épreuve appartient à Mme Darlot. La plaque photographique
servit également aux recherches scientifiques. Foucault l'appliqua à la micrographie. Une épreuve de Foucault était exposée par M. Monpillard; il l'expérimenta également pour l'astronomie, et Ed. Becquerel, à la suite de ses études et
de ses expériences sur la lumière, a laissé des spécimens du plus grand intérêt

sur plaques daguerriennes ; M. Henri Becquerel, son fils, membre de l'Institut, avait bien voulu confier à l'Exposition centennale de 1900 une épreuve daguerrienne très remarquable, parce que l'image latente a été développée sans mercure ou autre révélateur, mais par la seule action de la lumière rouge tamisée par le verre rouge dont il l'avait recouverte.

Deux épreuves également sur plaqué d'argent, dont une malheureusement très altérée, mais l'autre encore en bon état de conservation, et portant les dates de 1848 et 1849, représentaient toute la gamme visible des couleurs du spectre solaire obtenues directement sur une préparation de la surface au chlorure d'argent violet. Dès 1848 et 1849, la possibilité d'obtenir en photographie les couleurs naturelles par la seule action de la lumière était donc démontrée par les travaux de M. Ed. Becque-

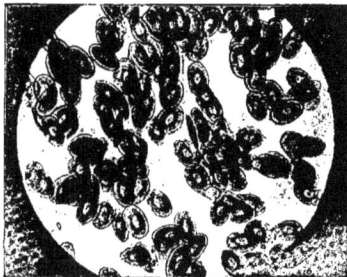

Sang de grenouille.
Daguerréotype de Foucault (micrographie).

rel avec les spécimens à l'appui. Mais les images ne pouvaient être fixées, elles étaient altérées et effacées assez rapidement par la lumière. Plus tard, Niepce de Saint-Victor, neveu de Nicéphore Niepce, reprit et expérimenta de diverses

Image daguerrienne sans mercure
par l'action continuatrice des rayons rouges obtenue par Edmond Becquerel (1840).

manières les procédés de Becquerel ; il obtint des colorations plus vives et un peu plus stables, mais le fixage complet ne put être réalisé : ou les couleurs disparaissaient dans le bain fixateur, ou, l'épreuve n'étant pas fixée, la lumière continuait son action et détruisait l'image.

Images négatives sur papier (Fox Talbot). — En 1834, Fox Talbot en Angleterre, parallèlement aux recherches de Niepce, de Daguerre, de Bayard, poursuivait la solution du même problème de fixer les images de la chambre noire. Ses premières expériences portaient sur l'emploi du chlorure d'argent par noircissement direct, mais la sensibilité des surfaces ainsi préparées était insuffisante pour donner une image à la chambre noire ; il obtint toutefois de bonnes épreuves par la superposition d'un sujet à reproduire, tel qu'une gravure ou une feuille d'arbre mises en contact direct avec le papier au chlorure d'argent ; seulement les effets étaient renversés, l'image obtenue était négative. Il profita de cette épreuve négative pour en tirer par simple superposition tel nombre de positives qu'il voulait, et on doit ainsi à F. Talbot le type négatif pouvant donner un nombre indéterminé d'exemplaires positifs ; ce fut également lui qui produisit les premiers négatifs sur papier à la chambre noire. F. Talbot était chimiste habile ; dès qu'il eut connaissance de l'existence d'une image latente développée par un agent réducteur qui, dans le procédé daguerrien, était la vapeur de mercure, il reporta ce principe sur l'iodure d'argent maintenu dans les pores d'une feuille de papier ; après l'exposition à la chambre noire il développait l'image par l'acide gallique, additionné d'acide acétique et d'un peu de nitrate d'argent, puis il fixait les épreuves au moyen de l'hyposulfite de soude dont Herschel venait de découvrir l'action dissolvante des sels d'argent tout en respectant l'argent réduit.

Médaille de la Société Française de photographie, par Soldi.

II

PHOTOGRAPHIE NÉGATIVE ET SES DÉRIVÉS

(PHOTOTYPES)

Photographie sur papier

Procédé Calotype de F. Talbot. — Avec les expériences de F. Talbot la photographie négative et positive était créée; elle devait, en peu d'années, remplacer la méthode daguerrienne.

F. Talbot publia son procédé sur papier sous le nom de *Calotype*. Son mode de préparation était assez compliqué(1); il étendait sur une feuille de papier une solution d'iodure d'argent dans l'iodure de potassium concentré, après séchage il lavait avec soin et obtenait ainsi un précipité très fin d'iodure d'argent insensible. Après dessiccation, il sensibilisait cette surface par une solution de nitrate d'argent additionné d'acide acétique et d'acide gallique, exposait, développait avec le même mélange. A partir de la sensibilisation, l'ensemble de ces opérations devait se suivre dans les vingt-quatre heures. Des clichés, très remarquables pour l'époque, ont été obtenus au moyen de cette méthode par M. le Comte Vigier; nous avons regretté de n'avoir pu présenter quelques-unes de ces épreuves au Musée centennal de 1900.

Procédé Baldus. — Un procédé analogue fut employé par Baldus (2), qui fit de très belles et de très grandes épreuves négatives ; une nombreuse collection de clichés négatifs sur papier obtenus par Baldus fut exposée par M. le Comte des Fossez.

Procédé de Blanquart-Evrard. — En 1847, Blanquart-Évrard, de Lille, qui était allé en Angleterre étudier le procédé de F. Talbot, communiqua à l'Académie

(1) Voir *La Photographie*, tome Ier, page 334, par A. Davanne, 1886. (Gauthier-Villars, éditeur.)
(2) *Ibid.*, page 437. (Gauthier-Villars, éditeur.)

des sciences un mode de préparation beaucoup plus simple qui se résumait ainsi : une feuille de papier très pur est passée dans une solution d'iodure de potassium, séchée, immergée dans un bain de nitrate d'argent acidulé par l'acide acétique ; il se fait une substitution d'iodure d'argent remplaçant l'iodure de potassium. Cette feuille tout humide est appliquée sur un verre et exposée immédiatement à la chambre noire ; l'image est aussitôt développée par une solution d'acide gallique. La surface ainsi traitée était assez sensible pour obtenir des portraits d'après nature. Dans un cadre exposé par M. Méheux, nous avons retrouvé des portraits d'acteurs de la Comédie-Française qui furent obtenus vers 1850 et probablement par ce procédé.

Epreuve obtenue par Humbert de Mollard (1850).

Avec les formules données par Blanquart-Évrard commença la phase dite du papier humide, mais les résultats, pour le portrait surtout, ne présentaient pas la finesse de la plaque daguerrienne ; cependant quelques habiles opérateurs, tel M. Humbert de Mollard, obtinrent des épreuves artistiques dont il reste encore quelques spécimens dans les archives de la Société Française de photographie.

Ce procédé du papier humide, bien qu'il fût un progrès, avait encore de nombreux défauts ; d'abord le grain du papier négatif qui, par transparence, s'imprimait sur l'épreuve positive et ne permettait pas d'obtenir les finesses de détail ; ce grain était encore augmenté par l'action de la matière organique du papier agissant sur le nitrate d'argent ; l'emploi de ce procédé se trouvait limité soit immédiatement à l'atelier, soit tout proche, car on ne pouvait laisser sécher la préparation.

Procédé de Legray. — Papier ciré sec. — Legray, par son procédé de papier ciré sec, et Baldus, en modifiant un peu la méthode dite *Calotype* de Talbot, purent obtenir des papiers sensibles secs se conservant assez longtemps (24 ou 48 heures et plus) pour en permettre l'emploi en voyage ; on put même commencer des publications artistiques et des illustrations d'ouvrages, dont nous mentionnons le début entre 1850 et 1855 pour constater qu'il a fallu cinquante ans de progrès

FOX TALBOT
1800-1877

plutôt entravés que favorisés par les éditeurs, artistes, graveurs et imprimeurs, avant d'arriver à l'état actuel où nous voyons la Photographie s'emparer de toutes les illustrations des livres et des journaux, de même que par les projections elle est devenue l'illustration de la parole du conférencier.

Quelles qu'aient été les améliorations du procédé sur papier, quelque pur qu'ait été celui-ci, on ne pouvait annuler un grain qui, sans importance pour les grandes épreuves, empêchait les finesses désirables pour les portraits et les petits formats; il fallait par une méthode nouvelle arriver à l'amélioration ou même à la suppression de ces défauts.

Photographie sur verre

(Procédés à l'albumine, au collodion humide, au collodion sec.)

Albumine. — Ce fut Niepce de Saint-Victor, neveu de Nicéphore Niepce, qui, dès 1848, chercha à substituer au papier une feuille de verre qui est d'une transparence parfaite. Il étendit sur ce substratum une couche mince d'albumine iodurée, la sensibilisa dans un bain de nitrate d'argent additionné d'acide acétique et réalisa ainsi une surface sensible d'une exquise finesse. M. Maurice Péligot avait exposé au Musée centennal une épreuve négative et une positive représentant le bas-relief de Rude de l'Arc de Triomphe, obtenues par Niepce de Saint-Victor; la possibilité de faire des épreuves sur verre était démontrée, toutefois le procédé à l'albumine est d'un emploi difficile, l'impression est lente ; il est encore utilisé quelquefois pour produire les diapositives les plus belles et les plus fines, mais il était nécessaire de trouver un autre milieu d'un emploi plus commode et plus rapide. Legray, en 1850, proposa le collodion, mais sans donner de formules applicables; ce furent Archer et Fry qui publièrent, en Angleterre, la première formule utilisable de photographie au collodion.

Collodion humide. — Le collodion est une solution de coton-poudre dans un mélange d'alcool et d'éther. Ce collodion est rendu photographique par l'addition d'iodure et de bromure alcalin; on l'étend sur une feuille de verre dont la dimension n'a de limites que l'habileté de l'opérateur.

L'alcool et l'éther, en s'évaporant, laissent sur le support une couche encore humide, spongieuse, incolore, transparente, n'ayant pas de grain, mais un fin réseau que décèlent seuls la loupe et le microscope ; en plongeant cette feuille de verre dans une solution de nitrate d'argent, il se fait par substitution de l'iodure et du bromure d'argent encore imprégnés de nitrate ; cette couche possède une très grande sensibilité et doit être employée dans la chambre noire avant séchage, elle reçoit l'impression lumineuse que l'on développe aussitôt par une solution réductrice (sulfate de protoxyde de fer ou acide pyrogallique mélangés d'acide acétique); l'épreuve obtenue est fixée, lavée, séchée et vernie pour lui donner la résistance

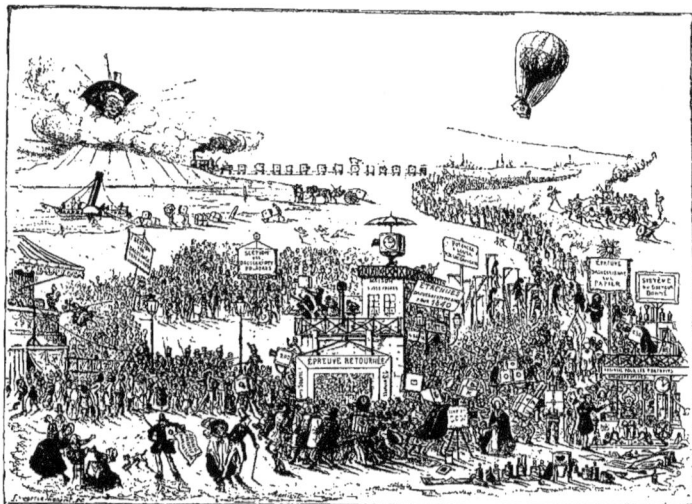

La daguerréotypomanie (Musée Carnavalet).

nécessaire au frottement; elle constitue alors un cliché ou phototype pouvant fournir un nombre indéfini d'images positives.

Caricature-Rébus sur le Diorama de Daguerre. (Musée Dantan.)

Ce procédé facile donna un essor considérable à la photographie et des ateliers de photographes ne tardèrent pas à s'établir dans toutes les villes de quelque importance; ce fut bientôt une affaire de mode pour chacun de faire faire son portrait, puis de l'échanger avec ceux de la famille, des amis, d'en faire collection, d'y joindre ceux des célébrités de tous genres; toute une profession nouvelle fut créée et prospéra surtout pour le portrait de petit format dit cartes de visite, dont le prix restreint facilitait les échanges et les collections. Ce fut, pour un grand nombre de personnes, un nouveau travail lucratif; derrière l'opérateur en chef, il y eut des seconds, des tireurs, des retoucheurs, souvent c'était la famille entière qui formait l'atelier; il fallut nombre d'ébénistes spéciaux pour les chambres noires, des opticiens pour les objectifs, les fabricants de produits chimiques y trouvèrent un débouché sérieux, ce fut un bienfait général dont il n'a pas été tenu suffisamment compte; malheureusement, comme contre-partie, la profession fut envahie par un trop grand nombre de déclassés qui lui firent un mauvais renom, et, pendant toute une période d'environ une quinzaine d'années, le titre de photographe fut loin d'être apprécié. Cependant les services rendus furent considérables, en dehors des portraits, souvenirs de famille trop souvent dénués de tout sentiment artistique, la facilité et la sensibilité des préparations apportaient leur aide aux recherches scientifiques de toutes sortes y compris l'astronomie et la micro-graphie, ainsi qu'aux applications et aux reproductions artistiques.

Mais l'usage du collodion humide se prêtait difficilement à l'emploi hors de l'atelier et aux voyages lointains; pour parer aux difficultés de manipulations inhérentes à ce procédé, on inventa des tentes, des voitures, des boîtes labo-ratoires au moyen desquelles il fut possible à des opérateurs habiles de relever les plus beaux sites de la nature, les plus belles œuvres de la peinture, de la sculpture, de l'architecture.

A ce sujet, nous rappellerons que, dès 1850, le chef de la Maison Braun avait exécuté de grandes photographies de fleurs dont deux spécimens (clichés avec épreuves) étaient exposés au Musée centennal. M. Braun père desti-nait plus spécialement ces reproduc-tions de fleurs naturelles à l'étude qui pouvait en être faite à Mulhouse pour les impressions d'indienne et autres tissus. Bien que les plaques ortho-chromatiques ne fussent pas encore inventées, ces reproductions étaient

Appareil panoramique Brandon.

déjà très remarquables et l'antiactinisme des couleurs rouge et verte n'était pas trop apparent.

Malgré les difficultés de manipulations que présente en campagne le collodion humide, surtout pour les grands formats, M. Braun avait entrepris la photographie des sites les plus remarquables de la Suisse (1) et cette collection devint plus inté-ressante par l'emploi des appareils panoramiques.

Les larges vues panoramiques ont toujours tenté les opérateurs photographes, nous avons relaté les panoramas sur plaques daguerriennes obtenus par M. Mar-tens. Mais, si la feuille de plaqué d'argent se prêtait à la courbe nécessaire pour l'appareil de M. Martens, il n'en était pas de même de la feuille de verre. Pourtant M. Quinet fit préparer des verres et aussi des cuvettes et des châssis

---

(1) MM. Bisson frères avaient également fait, sous la direction de M. Dolfus Hausset, de Mulhouse, une collection très grande et très réussie des glaciers et des principales vues de Suisse. Un ensemble de ces épreuves a été donné par M. Bisson à la Société Française de photographie.

présentant les courbes nécessaires pour toutes les manipulations ; ce système trop compliqué, d'exécution difficile, ne pouvait être qu'une exception ; MM. Johnson et Harrisson inventèrent un autre appareil qu'ils présentèrent à la Société photographique de Londres en 1864.

Il fut modifié par M. Brandon qui le fit connaitre à la Société Française de photographie en 1865, puis amélioré de nouveau par la collaboration de MM. Brandon et Braun ; un spécimen de ce dernier appareil était exposé par MM. Braun et Clément, qui l'ont offert à la Société Française de photographie pour ses collections.

Le principe de l'appareil est basé sur un mouvement corrélatif de l'objectif et du châssis porte-glace dont le rideau formé par une toile opaque ne laisse arriver

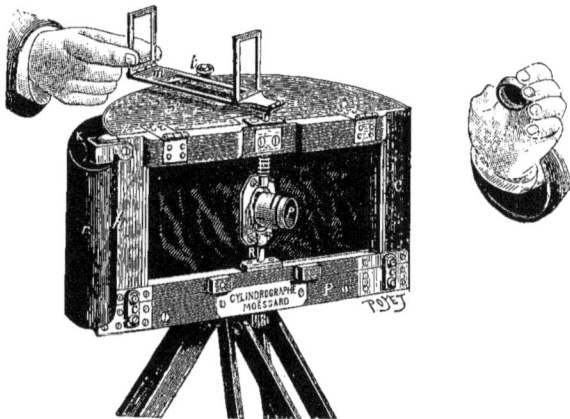

Cylindrographe de M. le lieutenant-colonel Moëssard.

successivement sur la plaque sensible, par une fente verticale, qu'une petite tranche de l'horizon embrassé par l'objectif tournant. Le rideau et par conséquent cette fente verticale se déplacent ainsi que le châssis et la glace sensible et suit la marche horizontale de l'objectif.

Cette chambre tournante pouvait embrasser un tiers d'horizon et le mouvement était donné soit par un mécanisme d'horlogerie, soit plus simplement par la main, ce qui permettait de modifier la rapidité.

Ces appareils panoramiques ont été étudiés de nouveau et très scientifiquement par M. le lieutenant-colonel du génie Moessard et exécutés sur ses données avec le plus grand soin par M. Fauvel, un de nos plus précis et plus habiles constructeurs. Ils servent maintenant à l'obtention de ces nombreux panoramas édités entre autres par la maison Neurdein frères, qui les a répandus dans presque toutes les stations d'eaux thermales et villégiatures.

Les glaciers et les grands lointains de Suisse présentaient pour la photographie une sérieuse difficulté ; leur intensité lumineuse est telle qu'ils ont sur la plaque sensible presque la même action que le ciel avec lequel ils se confondent sur l'épreuve, tandis qu'au contraire les plans plus rapprochés, très souvent formés par des forêts de sapin, n'ont qu'une action très lente. M. Gaston Braun put tourner la difficulté tantôt en modifiant convenablement l'ouverture de la fente pour les appareils panoramiques, tantôt en contournant ou en déchiquetant en dents de scie les bords d'un diaphragme spécialement adapté à la vue à photographier et en réduisant ainsi les trop vives lumières. La recherche de la forme à donner aux ouvertures des diaphragmes suivant les objets à photographier a été à peine touchée par Bertsch, elle a été mise en pratique par M. Gaston Braun, mais elle n'a pas encore été le sujet d'expériences et d'études suffisamment suivies.

Une des applications les plus utiles aux œuvres artistiques est la reproduction par la photographie des œuvres du dessin, de la peinture, de la sculpture, de l'architecture, reproduction qui jusqu'alors était restée le monopole de la gravure et de la lithographie ; ces deux modes de reproduction devaient être complètement remplacés par la photographie.

Nous eûmes quelquefois l'honneur de faire partie de comités dans lesquels étaient discutées des questions artistiques ; il était rare que la photographie n'y fût pas mêlée, et quand nous osions dire, non sans timidité, que la gravure même la plus réussie, appelée à reproduire l'œuvre d'un maître, était certainement un art très beau, très délicat, très difficile, mais un art quelque peu parasite puisqu'il copiait la création d'autrui, nous soulevions d'âpres récriminations avec cette réponse stéréotypée : « L'artiste graveur interprète son sujet » ; et nous répondions : « Mais alors : ou il fait sienne l'œuvre d'autrui en y apportant son senti-
» ment personnel, ou il est simple copiste avec beaucoup de talent ; dans les deux
» cas, *traduttore*, *traditore*, il ne nous rend jamais l'œuvre du maître avec le sen-
» timent personnel de celui-ci, avec son mode de faire, même avec ses défauts.
» La photographie bien conduite par une main non dénuée de sentiment artis-
» tique rend tout avec fidélité. Presque toujours monochrome comme la gravure,
» quelquefois très habilement polychrome, la photographie doit remplacer totale-
» ment celle-ci dans tous ses modes de faire », mais nous devons reconnaître que
nous n'avons convaincu personne.

Cette application de la photographie à la reproduction des œuvres d'art fut comprise dès le début par MM. Braun, et ils se firent en ce genre une spécialité dans laquelle ils ont toujours conservé le premier rang. Ils eurent souvent à lutter contre des difficultés qu'on eût pu croire insurmontables : telle fut la reproduction de l'œuvre de Michel-Ange dans la chapelle Sixtine ; souvent ils étaient arrêtés par le manque complet d'éclairage dans lequel se trouvaient certaines œuvres, ils y obviaient en transportant la lumière par des glaces réfléchissantes. La plupart des peintures, jaunies par la patine du temps, étaient très inactiniques, ils eurent recours à l'orthochromatisme dès 1879, à la suite des travaux du major Waterhouse, de M. Vogel, de M. Eder, qui firent connaître les propriétés de diverses substances tinctoriales, comme l'éosine, l'érythrosine, etc., qui, mélangées aux produits sensibles, leur donnent la propriété de déplacer l'actinisme et de revenir plus exactement à une reproduction monochrome du modèle.

C'est ainsi que MM. Braun purent reproduire les grandes œuvres d'art des principaux musées de l'Europe. Nous reviendrons dans la deuxième partie de ce rapport sur les divers modes d'impression employés pour faire les épreuves positives; celles de MM. Braun et Clément sont toutes obtenues par les procédés inaltérables.

Ils ne furent nullement arrêtés par les plus grandes dimensions et nous citerons parmi ces grandes épreuves la *Vénus de Milo*, du Musée du Louvre ; le *Moïse* de Michel-Ange, à Rome; les grandes sculptures de la chapelle des Médicis à Florence, etc., dont quelques-unes ont 1^m,40 sur 1 mètre.

La préparation de grandes surfaces sensibles au collodion demande un habile tour de main, surtout en campagne, et nous citerons à ce sujet les épreuves de M. Lampué ayant 1^m,10 sur 0^m,85, représentant le bas-relief de l'Arc de Triomphe,

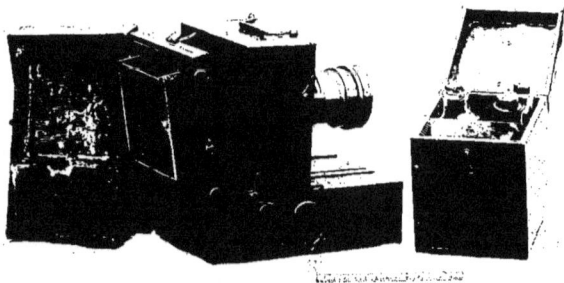

Chambre à cuvette verticale.

la *Guerre*, par Rude, les Chevaux de Marly, l'Opéra, etc.; il fit ces épreuves dans une tapissière transformée en laboratoire roulant, l'épreuve du bas-relief de Rude était exposée par l'un de nous au Musée centennal.

Il surgit de nombreuses inventions ayant pour but de faciliter au dehors les procédés du collodion humide; nous rappellerons quelques boîtes laboratoires dans lesquelles pénétraient les bras de l'opérateur enveloppés de manches imperméables à la lumière, puis des chambres noires additionnées de cuvettes verticales contenant les bains dans lesquels la glace collodionnée, soutenue par un crochet, venait plonger successivement ; elle était amenée au-dessus de chaque cuvette par un tirage bien réglé du tiroir porte-châssis, lequel était ouvert à la partie inférieure de manière à laisser descendre et remonter la glace sans qu'elle reçût aucune atteinte de la lumière. M. Jonte avait inventé un de ces appareils.

Nous mentionnons particulièrement l'appareil Dubroni (anagramme de Bourdin, son inventeur), d'une conception très intelligente, mais avec lequel on ne pouvait guère obtenir qu'une ou deux épreuves successives. Deux de ces appareils furent exposés, l'un par M. P.-A. Cousin, l'autre par la Société Française de photographie. Dans le système Dubroni, la chambre noire était représentée par une boule en verre jaune maintenue dans une boite cubique en bois, la glace collodionnée s'adaptait de manière étanche à une ouverture de cette boule, l'objectif à une

Appareil Dubroni.

autre lui faisant face, les bains successifs et l'eau pour les lavages étaient introduits au moyen de pipettes passant par une ouverture supérieure et retirés de même. Au début, quand l'ensemble avait été parfaitement nettoyé, on pouvait produire une ou deux bonnes épreuves, mais la succession des bains dans un même milieu, malgré tous les soins apportés, rendait de plus en plus difficiles les épreuves suivantes.

Les difficultés d'emploi du collodion humide à l'extérieur étaient à peine atténuées par ces divers systèmes ; les recherches d'un procédé de collodion sec s'imposaient ; elles furent nombreuses et, parmi les formules données, plusieurs passèrent dans la pratique courante.

Epreuves directes dites Ferrotypes. (*Procédé d'Adolphe Martin.*) — Avant d'aborder les procédés au collodion sec, nous mentionnerons une application particulière due à Adolphe Martin, donnant des épreuves positives directes.

En 1852 et 1853 (*Comptes rendus de l'Académie des sciences*), Adolphe Martin, savant professeur de physique, inventa les épreuves positives directes et il donna les formules à employer sur verre ou sur plaques métalliques quelconques, ou sur toute surface recouverte d'un vernis suffisamment résistant ; nous tenons à indiquer les dates exactes parce que l'inventeur, ainsi qu'il arrive si souvent, a été tout à fait oublié et que ce procédé nous revint beaucoup plus tard sous le nom de « procédé américain » ; il était exécuté sur des plaques minces de tôle vernie, lesquelles étaient importées d'Amérique ; il n'y avait d'américain que les plaques de tôle. Ce procédé prit aussi le nom de « ferrotypes » ou « ambrotypes ».

L'emploi des procédés d'Adolphe Martin donne des épreuves très pures sans voile; l'argent réduit, formant l'image, apparaît blanc par réflexion et présente ainsi une épreuve positive directe. Si l'opérateur a pris comme support une feuille de verre, il suffit de la mettre sur un fond noir ou de la couvrir au dos par un vernis foncé ; on peut remplacer le verre par un suppo. quelconque, recouvert d'un vernis foncé pour avoir le même résultat ; on peut aussi détacher l'épreuve collodionnée de son support et la reporter sur une surface préparée pour la recevoir. Le transport de ces positifs sur les bois à graver a souvent facilité le travail du graveur.

L'invention d'Adolphe Martin et la photographie dite des « ferrotypes » prit une assez grande extension ; elle fut surtout et est encore exécutée par les photographes nomades et forains ; ce procédé, peu coûteux, leur permet en effet de livrer immédiatement et à bas prix l'image obtenue ; il a même été employé dans des appareils automatiques rendant le portrait de la personne qui pose après y avoir introduit le prix demandé.

Deux épreuves originales d'Adolphe Martin étaient exposées par un de ses fils, M. Ch. Martin, sous la rubrique : « Deux ferrotypes exécutés en 1851-1852 par M. Ad. Martin, docteur ès sciences, inventeur de la ferrotypie » ; une autre de ses épreuves, plus grande, était exposée par la Société Française de photographie.

La facilité avec laquelle on peut détacher l'épreuve au collodion humide de son support provisoire pour la reporter sur une autre surface créa d'autres applications, entre autres le transport sur toile cirée noire dont la souplesse permettait l'emploi de la photographie pour décorer d'autres objets généralement transparents, tels que presse-papier en cristal, etc. Ce procédé, tombé en désuétude, avait reçu le nom de « linotypie », il était représenté au Musée centennal par un portrait exposé par M. Maurice Bucquet.

Collodion sec. — Pour arriver à l'emploi du collodion sec, il fallait résoudre deux difficultés : 1° la couche du collodion en séchant cessait d'être poreuse, elle devenait imperméable, enveloppant dans ses mailles les molécules d'iodure et de bromure d'argent sensibles ; les réactifs, n'arrivant plus en contact, ne pouvaient développer l'image ou ne donnaient que de très faibles et mauvaises épreuves ; 2° il fallait, avant le séchage, éliminer tout le nitrate d'argent sous peine de destruction de la couche sensible ; ce lavage entraînait le ralentissement de la sensibilité.

Il était assez facile de donner à la couche de collodion sec une perméabilité suffisante, en la recouvrant d'abord avec des substances qui tout en faisant corps avec elle permettaient aux réactifs de la pénétrer ; c'est ce que fit Taupenot, professeur de physique au Prytanée militaire de La Flèche, qui, dès 1855, obtint des épreuves au collodion albuminé assez rapides pour saisir des exercices de

H. DAUMIER

NADAR

élevant la photographie à la hauteur de l'Art.

gymnastique exécutés par les élèves ; ces épreuves étaient exposées par M. Calmette, président de la Société photographique de La Flèche.

Le procédé au collodion albuminé, dit procédé Taupenot (1), quoique un peu délicat dans l'application, est encore un des meilleurs procédés de collodion sec.

Beaucoup d'autres méthodes furent proposées, toute la pharmacie, toute la confiserie furent essayées ; parmi ces procédés, celui dit au tanin du major Russel fut un des plus faciles et des plus employés ; nous le citons parce que nous croyons que ce fut avec le procédé au tanin qu'on employa d'une manière courante le développement alcalin qui rendit à la surface sensible sèche beaucoup de rapidité.

La photographie avait donc pénétré, par le portrait surtout, dans le domaine des artistes ; si les prétentions des opérateurs furent un peu exagérées, le dédain des artistes le fut également ; il eût été à souhaiter de trouver plus de modestie d'un côté et plus de tolérance de l'autre ; de sages conseils donnés par les uns et mieux écoutés par les autres eussent rendu plus rapides les progrès auxquels on n'est arrivé que lentement.

Nous reproduisons quelques-unes des nombreuses caricatures que les dessinateurs de l'époque publièrent contre les photographes, nous citerons entre autres celle d'un spirituel artiste qui collaborait dans plusieurs journaux illustrés et satiriques. Le photographe, derrière son inévitable appareil, reste les yeux fixés sur sa montre ; au-dessous est écrit : « La patience est la vertu des ânes. » Quelques années plus tard, cet artiste, associé avec Bayard, était à la tête d'un important atelier de photographie. Cette réponse de la photographie sera sa seule vengeance.

Il y aurait quelques pages rétrospectives bien amusantes à écrire sur cette sorte d'alliance tacite entre les artistes contre la photographie. En plein jour tous

Monsieur Prudhomme devant l'objectif.
Caricature de H. Daumier.
(*Collection Nadar.*)

(1) *La Photographie*, par A. Davanne, tome Ier, page 278. Collodion sec, pages 264 à 315. (Gauthier-Villars, éditeur, Paris.)

étaient contre elle, dans l'ombre tous l'utilisaient mais s'en cachaient. Il serait curieux de relever sur les livres de l'un de nos meilleurs constructeurs d'appareils d'agrandissement et de projection les noms d'artistes célèbres qui eurent recours à leurs services. Cependant, on ne les trouverait pas tous ; quelques-uns plus dissimulés, mais connus de tout Paris par leur célébrité même, croyaient se retrancher derrière un anonymat que le commerçant perçait facilement, car cette photographie qu'ils répudiaient avait semé leurs portraits ressemblants à toutes les vitrines d'éditions artistiques. Le truc était toujours le même : ils achetaient l'appareil pour un ami de province qui *s'amusait* à faire de la photographie, mais ils refusaient de le faire livrer à leur domicile, préférant venir incognito le chercher eux-mêmes.

Quelques lignes encore sur ce sujet que nous ne toucherons plus. Pour

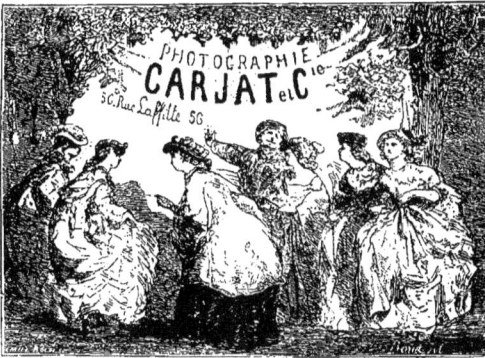

Carte-réclame de Carjat, dessinée par E. Bénassit (vers 1859).

quelques artistes, ce dédain de la photographie était une conviction, pour d'autres l'intérêt ; citons à l'appui cette réponse qui nous fut faite il y a déjà nombre d'années. Une commission parlementaire reçut la mission d'étudier un projet de loi pour la protection de la propriété artistique et intellectuelle ; la question de joindre les œuvres photographiques aux autres œuvres artistiques fut posée, bien que résolue négativement à l'avance, et nous fûmes appelé devant la sous-commission pour présenter la défense de la photographie ; comme contre-partie, un peintre, connu par des œuvres très appréciées, représentait les artistes : le débat fut court, la photographie fut condamnée et le peintre nous dit, en sortant, cette phrase typique : « Vous nous gênez, nous vous supprimons. » Le temps a marché ; la photographie, qui était isolée, est maintenant rattachée par ses progrès incessants à tous les procédés graphiques, elle est la maîtresse des publications et des illustrations, et c'est elle qui peut dire à la gravure : « Vos procédés sont trop lents, trop coûteux, souvent incorrects, nous vous remplaçons. »

Reconnaissons toutefois que les artistes n'avaient pas toujours tort lorsqu'ils reprochaient à la photographie de nombreuses imperfections, dont les unes pouvaient être attribuées aux appareils et aux procédés, les autres à leur mauvais emploi, donc à l'opérateur; ce qui nous ramène à rechercher dans l'Exposition centennale les progrès des appareils et des procédés qu'il fallait rendre plus pratiques, surtout pour l'emploi extérieur.

Appareils

Chambres noires. — Les perfectionnements apportés aux chambres noires portèrent en partie sur la chambre d'atelier, qui devint de plus en plus pratique et apte à rendre aux photographes tous les services qu'ils ont à lui demander, soit : une grande latitude pour les diverses longueurs locales, toutes facilités pour faire les agrandissements, les réductions, les multiplications d'épreuves, etc., etc. Ces perfectionnements se trouvent maintenant dans toutes les chambres actuelles dites à trois corps, dont on a pu constater la perfection dans l'Exposition de 1900.

De plus grandes modifications ont été apportées aux appareils de voyage, qui devaient réunir la légèreté, la facilité d'emploi dans les conditions multiples de la photographie en plein air. Nous citerons en première ligne, comme appareil ancien réunissant ces conditions, une chambre noire construite en 1855 par Relandin, exposée avec un grand nombre d'objets divers appartenant à M. Davanne; cette chambre, avec laquelle on peut faire des épreuves de $0^m,27$ sur $0^m,35$, n'a que $0^m,10$ d'épaisseur et peut arriver à un développement suffisant pour une longueur focale de $0^m,80$ et se replier jusqu'à pouvoir être utilisée pour la stéréoscopie. Ce fut pour cette chambre que Relandin exécuta le premier modèle de soufflet tournant, sur les conseils de M. Davanne; un simple mouvement des vis d'attache dans les mortaises permettait de donner au cadre porte-châssis les diverses inclinaisons quelquefois utiles pour la mise au point d'un paysage et la planchette porte-objectif était à décentrement. Cette chambre qui, à cette date de 1855, présentait tous les perfectionnements adoptés aujourd'hui, méritait d'être imitée par un ébéniste plus fin que Relandin, lequel avait plus d'ingéniosité dans ses inventions que d'habileté de métier. Sur cette même chambre il adapta un des premiers obturateurs pour instantanéité, formé par un rideau opaque monté sur un ressort comme celui d'un store de voiture et percé d'une ouverture qui, dans la marche du store, passait rapidement devant l'objectif.

Une autre chambre de voyage, exposée également par M. Davanne, avait été construite par Jonte, sur un programme donné par le ministre de l'Instruction publique pour faciliter l'emploi de la photographie par les missionnaires scientifiques; cette chambre, pour épreuve de $0^m,18$ sur $0^m,24$, réunissait toutes les conditions du programme posé et formait un bloc à faces parallèles sans aucun organe saillant et sans aucune place perdue.

Les chambres pour l'emploi extérieur, ramenées à une construction plus légère, ne demandaient plus ces pieds massifs qu'au début on avait empruntés aux appareils de précision des ingénieurs et des arpenteurs. On inventa des pieds plus légers à doubles branches adaptées sur des triangles de fonte encore trop lourds, quelquefois remplacés très avantageusement par des disques de bois d'assez grand diamètre; l'écartement des doubles tiges de chaque montant du pied assurait, contre le mouvement de torsion, une résistance que ne pouvaient avoir les triangles ou disques de petit diamètre; cette résistance contre l'action du vent était nécessaire pour les grands formats, trop abandonnés aujourd'hui, et pour les poses prolongées; avec les instantanéités actuelles et la rapidité de la pose, on n'a plus à se préoccuper autant d'assurer l'immobilité de l'appareil.

Plusieurs modèles de pieds et de supports étaient exposés, parmi lesquels un vieux pied construit par Relandin, qui reste comme un des plus simples, des plus solides et des plus commodes.

Les pieds modernes à coulisses en tubes métalliques, rentrant les uns dans les autres, sont beaucoup plus portatifs, mais ils n'ont pas la rigidité des anciens et pourraient difficilement servir pour les grands formats.

La photographie en excursions et en voyage entraînant une consommation assez grande de plaques sensibles, il fallait emporter autant de châssis garnis que de vues à prendre, ou substituer sur place une plaque nouvelle à celle utilisée. Le système des châssis multiples aurait exigé une grosse surcharge en poids et en volume, s'il n'eût été très facilité par l'invention des châssis à double face pouvant chacun recevoir deux glaces. Le poids des glaces restait le même, mais l'encombrement des châssis était diminué de moitié et nous connaissons des opérateurs qui, actuellement encore, préfèrent à tout procédé d'escamotage le système des châssis doubles lorsqu'il s'agit de dimensions supérieures à $0^m,09$ sur $0^m,12$.

Au début on essaya le changement sur place; pour les grandes dimensions il fallait une tente imperméable au jour, l'emploi était peu commode et serait presque impossible avec la sensibilité des préparations actuelles, étant donnée la difficulté d'empêcher toute infiltration de lumière; pour les petites dimensions, on pouvait opérer les substitutions dans des manchons, comme on le fait aujourd'hui, mais on préférait généralement l'emploi d'une boite à escamoter avec son châssis spécial.

Boîte à escamoter.

Les premiers appareils à escamoter sont maintenant complètement abandonnés et remplacés par les châssis à tiroirs, qui sont beaucoup plus simples; ces boites à escamotage se composaient d'une boite à rainures dans lesquelles étaient rangées les glaces, moins une ; le couvercle à rideau, muni d'une fente fermée à volonté, pouvait glisser et présenter successivement cette fente au-dessus de chaque glace sans laisser pénétrer le jour ; par une habile disposition, le châssis de la chambre noire s'adaptait sur la boite à rainures et présentait également une étroite ouverture à la partie inférieure ; lorsque les deux ouvertures, celle du châssis et celle du couvercle, coïncidaient, on amenait le châssis au-dessus d'une rainure vide, les deux fentes étaient alors dégagées et la glace du châssis tombait dans la boite ; le couvercle, armé du châssis, était glissé au-dessus de la rainure suivante et, en renversant le tout, la glace quittait la rainure et tombait dans le châssis ; les deux fentes étant refermées, le châssis était retiré de l'ajustage et prêt à servir.

Ce système exigeait pour son bon fonctionnement une précision méticuleuse dans la construction, ce qui entrainait un prix assez élevé, et trop souvent il arrivait des mécomptes ; les systèmes actuels à tiroirs ou à renversement paraissent préférables, mais ne sont utilisés que pour les petits formats ne dépassant guère $0^m,09$ sur $0^m,12$. Les grandes dimensions, employées seulement pour des travaux sérieux, sont toujours exécutées avec des châssis simples ou doubles.

Objectifs. — Parmi les nombreux reproches que l'on faisait à la photographie et à l'emploi de ses appareils et de ses objectifs, nous ne citerons que quelques-unes des erreurs imputables à l'opérateur et que trop souvent on prétendait être inhérentes au procédé lui-même, tel le manque de parallélisme dans les lignes d'un monument trop élevé, ces lignes convergent vers un point du ciel, le monument tombe à la renverse ; nous savons tous que ces conditions se présentent quand l'opérateur, placé trop bas, a incliné son appareil pour prendre le sommet du monument ; les faces de l'appareil et celles du sujet ne sont plus parallèles, elles sont en perspective ; le meilleur objectif ne corrigera pas cette erreur, il faut : ou que l'opérateur se place au centre de son point de vue, ou, ce qui est plus facile, que l'objectif, capable d'embrasser un angle suffisant, soit monté sur une planchette à décentrement, ce qui est adopté maintenant pour presque tous les bons appareils.

Le plus souvent, l'opérateur amateur a la manie de vouloir embrasser un trop grand angle dépassant beaucoup l'ensemble vu par nos yeux immobiles, alors l'entrée d'une rue s'élargit, devient une place, la perspective est exagérée ; ou encore l'opérateur veut faire un portrait avec un objectif mal approprié, de foyer trop court et un recul insuffisant, les différents plans de la figure ne sont plus au point ni en harmonie, le nez devient énorme et le front fuit, le résultat est déplorable. De même il fait la photographie d'un modèle qui, renversé sur son siège, a les jambes allongées vers l'appareil, l'épreuve donne des pieds disproportionnés avec une petite tète, et chacun de s'écrier : « Quelle déformation ! » Elle est imputable à un mauvais emploi ; en outre, il ne faut pas oublier que l'objectif ne représente qu'un œil, que le plus souvent il n'y a pas de déformations du fait de l'instrument, et que, si on rétablit la vision binoculaire, on rétablit en même temps les dimensions relatives (1), le double regard tourne partiellement autour du sujet

Objectifs monstres.

et nous rend la sensation habituelle ; une épreuve stéréoscopique prise du même point nous rendra cette même sensation, si elle est exécutée dans les conditions normales.

Toutefois il faut reconnaître que les objectifs n'étaient pas sans défauts, mais ils ont reçu de nombreux perfectionnements qui ont suivi le développement de la photographie ; nous ne pouvons nous étendre sur ce sujet et nous renvoyons les personnes intéressées aux savantes études faites par M. Ad. Martin, et plus récemment encore par M. Wallon (2), auquel nous devons la majeure partie des progrès accomplis par nos opticiens français, progrès qui ont été la conséquence de travaux faits à l'étranger par M. Zeiss et par M. Goerz, à la suite de l'invention des

---

(1) Sella, *Plico del Photographo.* — Davanne, *la Photographie*, tome II, page 372 ; — Théorie de Léonard de Vinci.

(2) Voir les communications de M. Wallon à la Société Française de Photographie et plus récemment l'article inséré en tête du bel ouvrage publié par le Photo-Club de Paris : *l'Esthétique de la photographie*, dans lequel M. Wallon expose les conditions diverses de l'emploi de l'objectif au point de vue esthétique.

verres d'Iéna. Ces récents progrès ne sont plus de notre domaine, ils relèvent du rapport de notre savant collègue, M. L. Vidal, sur l'Exposition universelle de 1900.

Lorsque le procédé au collodion humide eut donné aux applications de la photographie l'extension que nous avons constatée, les photographes voulurent faire de plus en plus grand et obtenir directement des portraits de grandeur naturelle ; le volume des appareils suivit, et on arriva à construire des objectifs de dimensions très exagérées, tels deux objectifs exposés au Musée centennal comme souvenirs de l'époque (vers 1865). L'un appartient à M. Fleury Hermagis ; les lentilles ont huit pouces de diamètre (1) ($0^m,216$). C'est une pièce énorme, d'un prix considérable et d'un poids excessif, dépassant la charge d'un homme, et M. Hermagis, bien que cet instrument soit sans usage, l'évalue encore 4000 francs.

L'autre objectif, de même dimension, était exposé par la Société Française de Photographie à laquelle M. de la Baume Pluvinel l'avait offert pour ses collections. Cet objectif, construit par M. Plagnol, a $0^m,90$ de longueur focale. Les résultats étaient loin de répondre aux efforts des opticiens. M. Delessert avait exposé en 1867 un portrait de sa mère, de grandeur naturelle, fait avec un de ces objectifs monstres ; l'Impératrice en voyant ce portrait sourit et dit : « Les mères ont tous les dévouements. » M. Bertsch, un des premiers, s'efforça de réagir contre ces exagérations et de ramener les opticiens dans une voie plus rationnelle.

OEuvre de Bertsch. — Nous profiterons d'une exposition importante d'appareils divers inventés, même le plus souvent construits par Bertsch et prêtés au Musée centennal par M. Thouroude pour rappeler ici l'œuvre de Bertsch et les services, trop oubliés, qu'il a rendus à l'ensemble des applications de la photographie. Ses travaux comprennent tous les genres : Micrographie, Microscopie, Stéréoscopie, Agrandissements et même Portraits bien qu'il ne fût pas professionnel ; il fit à la Société Française de Photographie de nombreuses et savantes communications sur ces divers sujets de 1855 à 1870, époque de sa mort, sur laquelle nous n'avons eu d'autres renseignements que d'apprendre récemment qu'il mourut sans avoir profité de ses travaux, ainsi qu'il est arrivé à tant d'inventeurs, et sans laisser à sa famille une aisance justement méritée.

Bertsch fit observer qu'un objectif dont le diamètre dépasse l'écartement normal de nos yeux, soit d'environ $0^m,07$, donne une image qui n'est plus celle que nous voyons et la différence s'accroît avec l'augmentation du diamètre des lentilles. En effet, cet objectif, dont toute la surface doit être utilisée, embrasse un angle plus ouvert que ne le font nos yeux, il y a une déformation apparente

---

(1) L'habitude alors était d'évaluer le diamètre des objectifs par pouces : l'objectif le plus courant était dit : un trois pouces ; le quatre pouces était déjà une grande dimension.

Bayard (1801-1887)

Reproduction d'un portrait de Bayard, par lui-même.

sinon réelle, et à ce sujet Bertsch, d'humeur assez satirique, nous disait qu'il avait fait, avec des objectifs de grand diamètre, les portraits de quelques illustres personnages; en mettant un diaphragme dont l'ouverture était large du haut, plus étroite du bas, le front prenait de l'ampleur et, ajoutait-il en riant, « il devenait olympien, la figure s'affinait, le modèle était très satisfait », mais c'était une confirmation de sa théorie contre les grands diamètres.

Il s'élevait également contre l'emploi d'objectifs de trop long foyer pour faire des paysages de grande dimension ; car, disait-il, étant reçu qu'une image donnée par l'objectif n'est suffisamment nette dans son ensemble que si les premiers plans sont à une distance égalant cent fois la longueur focale de l'objectif et un objectif devant avoir au moins $0^m,40$ de longueur focale pour couvrir convenablement une surface de $0^m,40$ de côté, on n'aura une image nette qu'à partir de 40 mètres; dans ces conditions, on ne peut obtenir de réels premiers plans; pour le portrait, il est impossible d'avoir dans un atelier un recul suffisant, et la difficulté d'une netteté convenable est très augmentée.

Mais ces difficultés peuvent être tournées en employant un objectif de court foyer avec lequel on obtiendra une image

N' BOUGEONS PLUS !!!
Réclame de Disderi,
publiée dans les journaux illustrés de 1861.

petite, très nette, qu'on agrandira ensuite ; il appliquait ainsi la première pratique de l'adage formulé plus tard : « Faire petit pour obtenir grand », et, à l'appui, il présenta à la Société Française de Photographie une épreuve agrandie qu'elle a exposée au Musée centennal. La petite épreuve faite sur nature a $0^m,06 \times 0^m,06$; l'épreuve agrandie, qui est parfaitement nette, a $0^m,78$ de hauteur (1).

La période des agrandissements était ouverte, mais le Musée centennal n'a reçu aucun envoi des grands, coûteux et incommodes appareils qui furent inventés à cette époque.

Deux systèmes furent mis en usage : l'un, qui semblait le plus logique mais le moins pratique, consistait à faire directement avec le petit négatif une petite épreuve positive sur verre de même grandeur aussi parfaite que possible et à

(1) *Bulletin de la Société Française de Photographie*, année 1860, page 170.

l'agrandir à la chambre noire par le procédé courant du collodion humide, de manière à produire un grand négatif de la dimension cherchée. Avec ce grand négatif, le plus souvent très retouché, on pouvait tirer par les procédés ordinaires autant de grandes épreuves qu'il en était demandé. Cette méthode, bonne pour des tirages multiples, était trop onéreuse lorsqu'on ne devait fournir qu'une ou deux épreuves positives.

L'autre système consistait à recevoir directement l'image agrandie du cliché original sur la feuille de papier positif au chlorure d'argent. Ce papier, étant relativement peu sensible, exigeait une pose très longue avec la lumière du soleil dont il fallait suivre le cours au moyen d'un héliostat; l'ensemble demandait des appareils encombrants et coûteux et ce fut seulement plus tard, lorsque l'emploi du gélatino-bromure d'argent fut suivi de préparations très sensibles sur papier, qu'il fut possible d'opérer avec une faible lumière et de produire ainsi des agrandissements par des procédés très pratiques (1).

Bertsch avait construit, pour ses procédés d'agrandissement, un mégascope à lumière parallèle ; un miroir, monté comme doivent l'être ceux du microscope solaire et fonctionnant comme un héliostat, renvoyait sur le cliché un faisceau de rayons parallèles et l'image très régulièrement éclairée était très agrandie par un objectif convenablement approprié et reçue sur l'écran portant la feuille de papier sensible sur laquelle se produisait cette image.

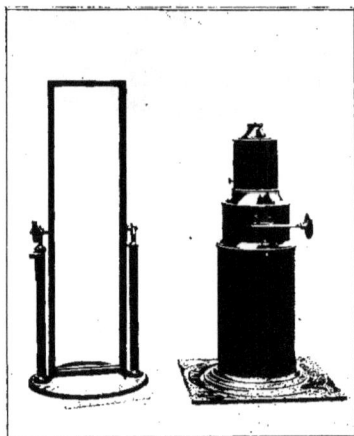

Appareil solaire de Bertsch.

Il y eut dans cette première période de l'agrandissement de nombreuses controverses au sujet des appareils de Woodward, de Van Monkhoven, de Liébert. Bertsch y prit une part active : quant à lui, il utilisait l'appareil solaire que nous représentons, qui a été exposé par M. Thouroude; il fit ainsi, avec son collègue Arnaud, les agrandissements après décès qui lui étaient demandés, mais, disait-il avec son scepticisme ordinaire, il n'y avait jamais lieu de se presser; des épreuves originales, recommandées à l'opérateur avec les plus grands soins, restèrent souvent dans le tiroir de l'oubli.

---

(1) Voir la Photographie, par M. Davanne, tome II, pages 299 et suivantes. (Paris, Gauthier-Villars, éditeur.)

La mise en pratique de la méthode « faire petit pour obtenir grand » n'est pas admise par nous d'une manière absolue, car une belle grande épreuve photographique directe bien prise et bien réussie nous paraît quelquefois supérieure à un agrandissement presque toujours un peu terne, suivant le procédé employé, mais elle amena Bertsch à construire des appareils spéciaux. Ce fut d'abord une petite chambre noire tout en métal, très portative pour épreuves (0^m,06 $\times$ 0^m,06), puis une chambre double, également en métal, pour faire les épreuves stéréoscopiques; comme corollaire de celle-ci une chambre spéciale de petit volume pour l'impression des images stéréoscopiques positives, une très petite chambre en cuivre pour obtenir des épreuves microscopiques et l'ensemble du matériel nécessaire pour faire la micrographie photographique (1), etc...

La petite chambre noire, portative tout en métal pour faire une épreuve simple,

Petite chambre de Bertsch et laboratoire portatif pour opérer en plein air (2).

comportait un objectif construit par Bertsch ou sur ses données, aussi parfait qu'il était possible de l'obtenir à cette époque, afin que l'épreuve pût supporter un très fort agrandissement, la mise au point réglée avec le plus grand soin était fixe; un viseur adapté à la partie supérieure donnait la mise en place, ce viseur le plus simple et le plus pratique de tous était sensiblement le même que celui adopté actuellement pour un grand nombre d'appareils; il fut le point de départ du chercheur focimétrique de M. Davanne. Ce viseur de Bertsch nous amène à

(1) Il ne faut pas confondre la Microscopie et la Micrographie photographiques. Les épreuves microscopiques sont aussi réduites que possible et ne se voient qu'avec le secours d'une loupe ou autre système optique grossissant; au contraire, la Photomicrographie fait des épreuves aussi grandes que possible des sujets qu'on ne voit qu'à l'aide du microscope.
(2 Le viseur de la petite chambre a été monté à contresens; voir la figure, page 48, dans laquelle le viseur est placé normalement.

dire quelques mots de ce complément indispensable de tout appareil destiné à l'instantanéité.

Viseurs et chercheurs. — Ce fut dès les premiers temps de la photographie que l'on reconnut l'utilité d'un viseur ou chercheur ; à notre connaissance le premier fut construit par Lerebours et Secretan et il était connu sous le nom d'*iconomètre* de Ziegler, c'était une sorte de lorgnette facile à mettre dans la poche ; le gros bout était fermé par une rondelle dans laquelle s'enchâssait une glace dépolie rectangulaire qui recevait l'image donnée par un objectif de très court foyer placé à l'autre extrémité. Le photographe pouvait s'en servir à l'atelier pour la mise en place de son modèle, mais plus fréquemment en campagne pour étudier l'ensemble d'un point de vue et déterminer la place définitive où il devait poser sa chambre noire, car alors les appareils étaient lourds et encombrants et mieux valait ne pas les déplacer inutilement.

M. Paul Gaillard, un de nos anciens collègues de la Société Française de Photographie, fit un autre modèle plus simple, plus commode d'emploi qui fut peu connu : deux bouts de tubes de cuivre rentrant l'un dans l'autre à frottement doux se terminaient chacun par une rondelle soudée ; l'une était percée d'un trou où l'on mettait l'œil, l'autre d'une large ouverture rectangulaire à travers laquelle on voyait directement sur nature la partie du paysage que l'on voulait reproduire; le tirage entre les deux tubes devait être proportionnel à la longueur focale de l'objectif à employer. Il serait toujours facile pour un amateur de faire lui-même un semblable chercheur soit en métal soit en carton.

Bertsch reconnut vite que, pour sa petite chambre toujours au point, la recherche de la mise en place serait trop incommode s'il fallait la faire sur une glace dépolie avec complication du rideau couvrant la tête : cette glace dépolie n'existait pas dans son appareil, et il munit sa chambre d'un chercheur maintenu par deux vis à tête ronde sous lesquelles on coulissait la base. Ce chercheur était formé, comme celui de M. Gaillard, d'un œilleton pour regarder et parallèlement d'un cadre pour limiter l'ensemble du sujet. Ces deux parties en métal étaient soudées à angle droit sur la platine qui se fixait sur la chambre. L'écart entre l'œilleton et le cadre était calculé d'après la longueur focale de l'objectif, et l'œil voyait ainsi sur la nature même l'ensemble du sujet dont l'image était reçue sur la surface sensible; deux fils métalliques tendus verticalement et horizontalement, se coupant à angles droits au centre de ce cadre métallique, facilitaient la mise en place et l'aplomb de l'appareil.

Ce chercheur modifié par le montage de l'œilleton et du cadre sur des charnières à ressort, de façon à se rabattre l'un sur l'autre et à prendre peu de place, constitue selon nous le plus simple et le meilleur de ces instruments. Il a le tort pour les savants de ne pas être un instrument de précision, bien qu'il soit très suffisant dans la pratique; il semble trop simple d'aspect pour les amateurs, aussi les constructeurs le compliquent-ils en y ajoutant des verres ou des prismes bien inutiles. Quant aux petits viseurs formés d'un objectif minuscule donnant une petite image sur une petite glace dépolie, nous n'hésitons pas à en désirer la disparition; ils sont incommodes, il faut tâtonner pour arriver à une mise en plaque douteuse, l'image vue à grand'peine sur la glace dépolie n'est pas exactement ce que voient les yeux et ils ne répondent pas aux nécessités de l'instantanéité.

Si nous modifions ce viseur en laissant l'œilleton fixe et en faisant glisser le cadre sur la platine de manière à faire varier l'écart entre les deux suivant la longueur focale de l'objectif que l'on veut employer, nous avons le chercheur focimétrique exposé par M. Davanne. Cet instrument est surtout destiné au photographe qui, même en promenade et sans appareil, veut étudier son paysage, déterminer bien exactement la place la plus convenable pour poser la chambre,

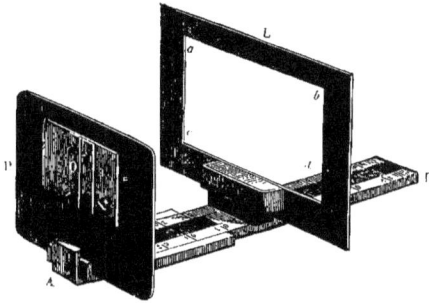

Chercheur focimétrique de M. Davanne.

obtenir l'ensemble le plus artistique, et choisir l'objectif pour que l'épreuve ait la dimension voulue.

Son usage convient au photographe sérieux, qui veut que ses appareils s'adaptent à sa volonté et ne pas être au contraire commandé par eux. Le chercheur focimétrique a pour but de lui indiquer de suite quelle longueur focale lui est nécessaire, mais il faut qu'il ait à sa disposition une trousse d'objectifs de foyer différents ou à lentilles de rechange.

Trousses et objectifs à transformations. — Plusieurs trousses anciennes étaient exposées, dont une par M. Berthaud (Michel), datant de 1860 environ; une autre, très complète, exposée par M. Davanne, datant de la même époque et construite par M. Darlot comme probablement celle de M. Berthaud. Les objectifs de la trousse de M. Davanne avaient des foyers très différents variant depuis 0^m,25 jusqu'à 0^m,80 environ, ils ont été utilisés avec la chambre de voyage de Relandin dont nous avons parlé.

Le système des objectifs à transformations remonte aux premiers temps de la photographie, nous en retrouvons le principe dans les anciens objectifs de Ch. Chevalier pour portraits et paysages dont deux spécimens avaient été exposés, l'un par M. S. Pector, l'autre par M. Mieusement. Celui exposé par M. Pector comportait son étui de cuir dur, en forme de cône, pouvant se visser comme parasoleil à l'avant de l'objectif et s'opposer à l'action des lumières latérales (1). Un autre objectif à transformations, sorti des ateliers de M. Derogy, et dont les diverses pièces se montaient à baïonnette les unes sur les autres, était exposé par M. Barbichon.

Objectif de Chevalier avec son étui.

Plusieurs de nos meilleurs opticiens avaient envoyé des trousses très perfectionnées à l'Exposition universelle de 1900. L'emploi de ces appareils, dont les qualités optiques peuvent ne pas être scientifiquement sans reproche, est très commode et sera de nouveau utilisé lorsque sera passée la mode de photographier n'importe quoi, n'importe comment, et qu'un plus grand nombre d'amateurs reprendront des travaux plus sérieux.

La photographie, en effet, devenue de plus en plus facile, est passée pour partie à l'état de sport et, comme telle, elle est influencée par la mode ; elle en subit les caprices, et dans ses évolutions revient vers les sujets qui offrent le plus de charme, c'est ce qui arrive actuellement pour la stéréoscopie.

Stéréoscope. — Le stéréoscope, qui réalise les effets de relief et de perspective que nous donne la vision binoculaire et qui demande la perfection des détails, serait resté limité à quelques figures géométriques si la photographie n'avait rendu possible la reproduction rigoureusement exacte des deux images non identiques qui sont nécessaires pour donner les effets de relief.

Dès que les manipulations furent suffisamment pratiques, on s'empressa d'appliquer la photographie à l'obtention d'épreuves stéréoscopiques, et nous avons vu au Musée centennal six belles images sur plaques *daguerriennes* stéréoscopiques exposées par M. Block fils, représentant quelques parties de

(1) M. Pector nous a donné les renseignements suivants :
L'objectif de Ch. Chevalier est formé de deux lentilles, celle antérieure est de diamètre plus petit que la lentille postérieure; une lentille de rechange, destinée à modifier la longueur focale de l'instrument, ce qui est le début de l'objectif à transformations, est logée dans l'étui parasoleil, qui renferme également trois diaphragmes, le quatrième étant en place.
Le tout pèse 4kg,220, et lorsque ces deux pièces sont vissées sur la chambre noire elles mesurent ensemble 0m,41. Sur la monture est gravée la mention suivante : « Photographe à verres combinés, « inventé par Ch. Chevalier, ingénieur; Arthur Chevalier fils et successeur. Palais-Royal, Paris. »
Charles Chevalier, en effet, appelait Photographe l'ensemble des appareils destinés à produire l'image photographique, et photographiste celui qui l'utilisait ; ne dit-on pas télégraphe et télégraphiste?

l'Exposition universelle de 1855 ; d'autres, également bien conservées, appartenant à M. J. Richard et reproduisant divers modèles d'après l'Antique. Nous rappelons à ce sujet, et pour mémoire, que l'opticien Lerebours avait produit, dans son atelier, des épreuves sur plaqué d'argent avec une seule chambre et un seul objectif, en prenant deux épreuves successives du modèle qu'il faisait légèrement pivoter sans le déplacer pour la seconde épreuve, afin de le présenter dans les conditions nécessaires pour la vision stéréoscopique.

Cette application de la photographie à la stéréoscopie ne put prendre avec les plaques daguerriennes tout le développement qu'elle comportait, car le résultat des opérations se limitait à une seule épreuve et il était nécessaire de tout recommencer pour en avoir une seconde ; le procédé sur papier humide ou sur papier ciré était également inapplicable, le négatif était trop grenu pour convenir au stéréoscope ; au contraire, le procédé à l'albumine de Niepce de Saint-Victor se prêtait tout particulièrement à cette application. Le cliché pouvait être d'une merveilleuse finesse et avec la même préparation on obtenait des positives sur verre tout aussi fines et d'une transparence parfaite. M. Ferrier et M. Soulier, ainsi que M. G. Levy, leur successeur, produisirent alors des séries d'épreuves se rattachant aux œuvres artistiques, aux voyages dans les pays les plus divers, épreuves dont la pureté et la beauté n'ont jamais été dépassées depuis. Nous avons vivement regretté de n'en voir aucun spécimen au Musée centennal. Si

Annonce illustrée d'un magasin de stéréoscopes publiée vers 1858 dans les almanachs et journaux illustrés.

cette application ne s'est pas répandue plus largement alors, c'est que le procédé à l'albumine est resté d'une grande délicatesse demandant des opérateurs très habiles, et que, dans un grand nombre de circonstances, il n'avait pas la rapidité nécessaire pour faire des épreuves instantanées ; pourtant Soulier a présenté à la Société de Photographie des clichés instantanés sur albumine, et Ferrier en montra de très réussis au collodion humide et au collodion sec ; ces opérateurs furent les premiers, dit-on, qui firent usage de révélateurs alcalins avec les procédés secs sans faire connaître ce mode d'opérer qui se généralisa plus tard.

Pendant cette période du collodion humide et du collodion sec la stéréoscopie se développa, l'industrie s'en empara et il y eut d'assez nombreuses applications et des éditions faites par les professionnels, mais les amateurs qui s'en occupèrent restèrent relativement peu nombreux malgré tout l'attrait des résultats.

Bertsch toutefois chercha à rendre les manipulations plus faciles : nous retrouvons dans l'exposition qui le concerne les instruments qu'il créa dans ce but, et que nous pouvons considérer comme les premiers-nés d'une génération d'inventions qui n'en sont que les imitations. Nous retrouvons dans l'exposition des appareils de Bertsch d'abord la petite chambre double en métal avec son viseur, un laboratoire à manches pour faire à l'abri de la lumière les préparations au collodion humide ou les changements de plaques sèches ; voir, page 43, une autre boîte spéciale servant à l'atelier pour faire les épreuves stéréoscopiques positives

Chambre stéréoscopique de Bertsch avec sa boîte à positifs.

par développement. Par la même opération, on mettait les épreuves négatives dans les conditions voulues de transfert de droite à gauche et réciproquement ainsi qu'il est indispensable pour ce genre d'images ; ces épreuves positives étaient en même temps agrandies à la dimension courante, les négatifs donnés par les petites chambres accouplées étaient en effet de dimension un peu restreinte, car ils étaient obtenus par des objectifs à très court foyer de manière à être toujours au point.

Photomicrographie. — A côté des agrandissements, Bertsch s'occupait aussi de la photomicrographie qui est un procédé d'agrandissement beaucoup plus considérable et très délicat. Cette application, d'une grande importance au point de vue scientifique, a pris de nos jours un développement qui a suivi les progrès réalisés par l'emploi d'objectifs de plus en plus puissants ; elle est maintenant l'objet de travaux très suivis.

Bertsch utilisait pour la photomicrographie son microscope solaire et nous avons eu entre les mains toute une série d'épreuves exécutées par lui, telles que des parasites de l'homme, des insectes, des organes d'insectes comme la trachée du ver à soie et quelques infiniment petits qui passeraient aujourd'hui pour de très gros microbes.

Photocollographie Berthaud, Paris

Une Rue à Menton

Reproduction d'une épreuve à la gomme bichromatée
par M. Robert Demachy.

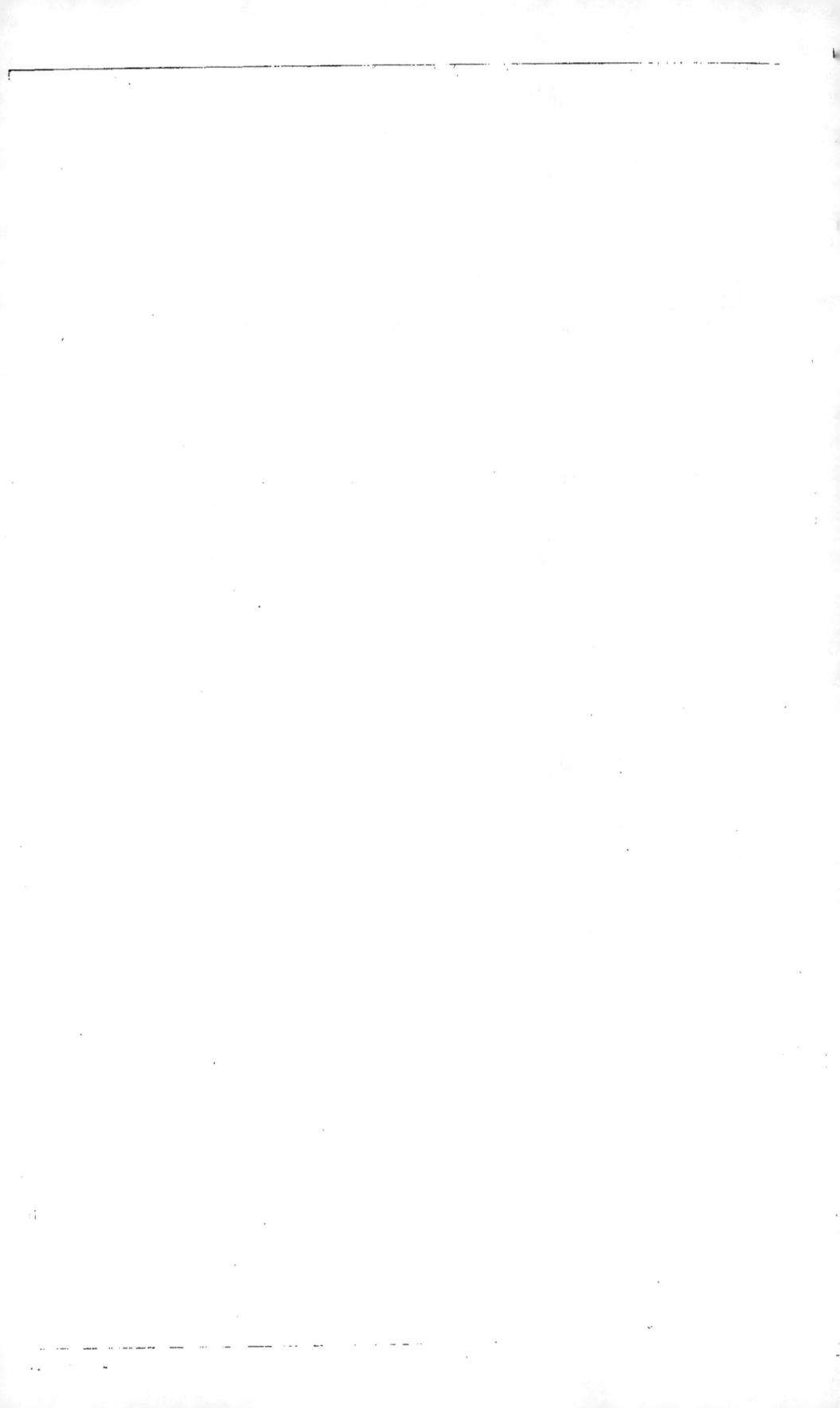

Nous reproduisons ci-après les lignes que notre collègue M. Monpillard, très au courant des questions de photomicrographie, a bien voulu nous donner sur ce sujet.

NOTES SUR L'HISTOIRE DE LA PHOTOMICROGRAPHIE

Par M. MONPILLARD

« Les premières tentatives faites en France pour obtenir des images agrandies
» en ayant recours aux objectifs de microscope datent de 1840, époque à laquelle
» Donné, professeur au Collège de France, présenta à l'Institut une série d'é-
» preuves daguerriennes obtenues par son préparateur Foucault.

» Celui-ci avait utilisé un microscope universel de Ch. Chevalier et l'avait trans-
» formé en microscope photographique dont la disposition devait plus tard être
» adoptée par Aimé Girard.

» Dans le premier appareil de Foucault, en effet, le microscope était vertical,
» les rayons lumineux sortant de l'objectif étaient reçus sur l'une des faces d'un
» prisme à réflexion totale qui les renvoyait horizontalement dans une chambre
» noire au fond de laquelle se trouvait la plaque sensible.

» Détails intéressants : Foucault, en vue de corriger le foyer chimique de ses
» objectifs, avait eu l'idée de faire travailler ceux-ci dans une lumière sensible-
» ment monochromatique, en faisant passer le faisceau lumineux éclairant la pré-
» paration au travers d'un écran bleu foncé qui ne transmettait que les rayons les
» plus actiniques.

» Enfin, dans le but d'augmenter le pouvoir grossissant de chacune des com-
» binaisons optiques employées et de corriger les aberrations, une lentille con-
» cave était placée derrière l'objectif, sur le trajet des rayons lumineux servant à
» former l'image. Bien des années plus tard, Américains et Français se dispu-
» tèrent la paternité de ce dispositif qui est remplacé aujourd'hui par l'oculaire à
» projection.

» Foucault exécuta une série de daguerréotypes qui servirent à graver les
» planches de l'*Atlas du cours de microscopie* de Donné, paru en 1845. L'introduc-
» tion des procédés au collodion dans la pratique de la photographie devait donner
» une impulsion nouvelle à la photomicrographie. Bertsch fut l'un des premiers
» praticiens qui obtint des résultats réellement remarquables en mettant en œuvre
» un instrument qu'il appela « microscope héliographique », qui n'était autre
» chose qu'un microscope solaire spécialement disposé pour ce genre de travaux ;
» il employa des méthodes aussi ingénieuses qu'originales.

» C'est en 1851 que Bertsch présenta ses premiers résultats à l'Institut et fit
» connaître les conditions dans lesquelles il s'était placé pour les obtenir. De

4

» même que Foucault, il avait reconnu la nécessité de rendre monochromatique
» le faisceau lumineux éclairant la préparation à reproduire ; mais, dans le but
» de travailler avec une lumière réellement homogène, il eut l'idée heureuse d'u-
» tiliser les rayons simples produits par un appareil de polarisation chromatique ;
» ce dispositif lui permettait de faire travailler ses objectifs, non seulement dans
» une lumière colorée absolument homogène, mais encore de pouvoir varier la
» teinte de celle-ci suivant la coloration même des sujets à reproduire.

   » A la même époque, d'autres opérateurs, parmi lesquels il convient de citer :
» Brebisson, Moitessier, Nachet, obtinrent des résultats réellement remar-
» quables.

   » A noter, la collection de globules de sang qui fut exécutée en 1856 par
» M. Nachet en collaboration avec Foucault et Duboscq sur la demande de
» M. Milne-Edwards.

   » Enfin, en 1866, parut le premier ouvrage de Moitessier sur la photographie
» appliquée aux recherches micrographiques ; dans ce livre se trouvent décrits les
» dispositifs imaginés par l'auteur, qui préconisait alors l'emploi des petites
» chambres noires se plaçant sur le tube même portant l'oculaire et aux lieu et
» place de celui-ci, ses recherches personnelles sur l'emploi de la lumière mono-
» chromatique et ses études si curieuses sur la reproduction stéréoscopique des
» petits objets, soit par l'emploi du demi-diaphragme, soit en ayant recours à la
» bascule à laquelle son nom est resté attaché. »

Epreuves microscopiques. — Bertsch renversa ses recherches de photomicrographie en prenant, au contraire, des sujets volumineux pour les réduire à l'état
d'épreuves microscopiques qui exigeaient l'emploi d'une loupe pour devenir
appréciables ; il construisit une petite chambre *ad hoc*, à foyer fixe rigoureusement déterminé ; la figure ci-contre montre la chambre avec la boite de réactifs
renfermés dans des flacons, dont le goulot rodé à plat recevait la petite plaque de

Chambre microscopique de Bertsch.

verre sur laquelle on exécutait
toutes les opérations en utilisant
pour le dehors une boite à man-
che, dans laquelle on pouvait aussi
placer de petites soucoupes. Cette
application de la photographie à
l'obtention d'épreuves microscopiques, qui peut sembler un jeu,
s'est cependant développée et eut
un résultat industriel d'une cer-
taine importance; on retrouve encore de ces petites épreuves collées à l'extrémité d'un très petit cylindre de verre, très court, de faible diamètre dont l'autre

extrémité, façonnée de manière à former loupe, montrait l'image très agrandie. Ces petits cylindres étaient introduits dans quelques objets d'usage courant, tels que porte-plumes, porte-crayons, minuscules lorgnettes en ivoire façonné, etc., qui étaient généralement vendus par les camelots.

Cette photographie microscopique qui, au premier abord, peut sembler une futilité assez inutile, a cependant rendu un immense service à la France envahie en 1870 par les armées prussiennes. Les pigeons voyageurs, qui n'auraient transporté qu'un petit nombre de dépêches lisibles, purent en recevoir un beaucoup plus grand nombre photographiées de façon presque microscopique sur pel-

Agrandissement pour la lecture des dépêches par pigeons voyageurs, en 1870.

licules de collodion habilement détachées du verre ; aussitôt reçues (1), ces dépêches étaient agrandies par projection et transcrites pour être adressées aux destinataires. Mme Richtemberger, M. Maurice Péligot, M. Fleury Hermagis, avaient envoyé au Musée centennal des spécimens de ces dépêches, et nous pensons qu'il y a lieu de rappeler les noms des personnes qui, à notre connaissance, participèrent aux essais et à la réussite de cette correspondance photographique par pigeons voyageurs. Ce sont MM. Barreswil, Blaise à Tours, de Lafollye, Terpereau à Bordeaux, Mame, Juliot et particulièrement MM. Dagron, Fernique et Poisot, Levy (Georges), Fleury Hermagis.

M. Dagron avait produit précédemment, pour le commerce, un grand nombre de ces petites images microscopiques dont nous avons parlé plus haut et sa grande expérience en ce genre de manipulations dut rendre son concours très utile.

Photographie instantanée. — Chambres à main. — Les communications de

_____

(1) *La Photographie*, par A. Davanne, tome II, page 454. (Gauthier-Villars, éditeur.)

Bertsch à la Société Française de Photographie, ses appareils de petites dimensions et d'un facile transport, les recherches de méthodes diverses de collodion sec et de développement encouragèrent beaucoup les touristes, très désireux de rapporter facilement des souvenirs de voyage, à cultiver la photographie dans les petits formats, et dès 1865 nous avons assisté à la création d'appareils de plus en plus portatifs parmi lesquels nous citons la photo-jumelle inventée par M. Nicour et présentée en 1867 par MM. Geymet et Alker à la Société Française de Photographie ; plusieurs spécimens étaient exposés par M. Jules Richard, par M. Thouroude

Photo-jumelle à châssis de Gilles.   Photo-jumelle avec boîte à escamoter de Nicour.

et par M. Gilles fils. Le but n'eût pas été obtenu si ces appareils n'eussent été accompagnés d'un magasin permettant de substituer rapidement en plein jour une glace non impressionnée à celle utilisée. Les constructeurs adoptèrent pour leur photo-jumelle la boîte à escamotage que nous avons mentionnée plus haut, en lui donnant la forme qui leur paraissait la plus commode, tantôt ronde, tantôt ovale comme celles exposées par M. Thouroude et par M. Richard, tandis que M. Gilles, revenant au système moins élégant, mais peut-être plus pratique des châssis ordinaires, remplaçait la boîte à escamotage par plusieurs petits châssis doubles faciles à mettre dans la poche.

Ce fut le commencement des appareils dits chambres à main. Mais, avant d'arriver comme aujourd'hui à l'emploi courant de ces appareils, toute une série de progrès était nécessaire pour que la photographie pût réaliser le desideratum maintes fois exprimé de saisir tous les sujets, quelque rapides que fussent leurs mouvements ; l'instantanéité si recherchée par tous les amateurs avait une importance bien plus grande encore pour les études scientifiques, l'astronomie, la cinématique, etc., et pour les recherches artistiques telles que la précision et l'ensemble des mouvements.

A l'objection si souvent présentée, que les mouvements enregistrés par la photographie manquent parfois de la grâce que l'artiste aime à représenter dans son œuvre, nous répondons que nul n'est obligé de reproduire une image qu'il trouve

disgracieuse ; si nous prenons comme exemple souvent cité l'allure du cheval,
nous dirons que c'est à l'artiste de choisir, parmi ces nombreux motifs vrais que
peut lui donner l'objectif, celui qui lui semble le plus favorable, mais qu'il ne lui
est plus permis de représenter une allure fausse, qu'il trouvera dans l'étude des
mouvements d'un modèle la corrélation de toutes les parties du corps, qui
échappe souvent à l'œil même le mieux exercé ; M. Londe a entrepris sur ce sujet
un travail d'un grand intérêt.

Nous ne craignons pas d'affirmer que chaque année on peut constater de plus
en plus, dans les expositions de peinture, l'influence de la vérité photographique.

Procédé au gélatino-bromure d'argent. — Le procédé au gélatino-bromure d'argent est d'une application pratique relativement récente, datant d'une vingtaine
d'années environ ; il nous faut pourtant remonter assez loin si nous voulons suivre
la filière de l'invention. Dès 1850, Poitevin montrait que la gélatine est susceptible
d'être utilisée pour la préparation des surfaces sensibles ; Baldus l'avait employée
pour préparer une émulsion à l'iodure d'argent sur les feuilles de papier destinées
à l'exposition dans la chambre noire ; plus tard Gaudin, en 1861, voulant affranchir
les photographes des préparations multiples qu'exigeait le collodion, avait inventé
une émulsion sensible dite « Photogène » qu'il suffisait de verser sur la plaque de
verre ; entre temps, pendant la période du collodion humide et du collodion sec,
des études furent suivies sur la sensibilité du bromure d'argent employé seul,
entre autres celles du général Mangin ; de très savantes recherches furent faites
en 1873 par M. Stas, l'éminent chimiste belge, sur les propriétés du bromure
d'argent qui prend différents états physiques, suivant son mode de préparation,
pour arriver, par l'ébullition, à l'état de bromure grenu mat ou brillant qui, dit
M. Stas, « sont les corps les plus altérables à la lumière que je connaisse » (1).

De 1871 jusqu'à 1878 il y eut, en Angleterre surtout, de nombreuses formules
d'émulsion de bromure d'argent, soit dans le collodion, soit dans la gélatine ;
citons en France les formules données par M. A. Chardon ; les avantages sur les
préparations du collodion sec ne furent pas très accentués jusqu'au moment où
Bennett, en 1878, publia une formule basée sur l'extrême sensibilité que prend le
gélatino-bromure d'argent par la maturation. On entend par maturation le main-
tien de la préparation à une douce chaleur, 30°C environ pendant quelques jours,
ou à une température élevée (soit 100°C) pendant une demi-heure. C'était la mise
en pratique des travaux de M. Stas. Ce procédé a contribué pour la plus large part
à la transformation de la photographie, il a réalisé les desiderata les plus osés ;
la sensibilité du gélatino-bromure d'argent est telle, qu'elle doit être évaluée
couramment par centièmes de seconde et même par millièmes dans les cas qui

(1) *Annales de physique et de chimie,* 4ᵉ série, tome XXV, page 22, et 5ᵉ série, tome III, page 145.

demandent une extrême rapidité d'impression ; cette préparation sur verre se conserve sans altération pendant des années. L'impression reçue peut également rester inaltérée pendant un temps encore indéterminé, mais suffisant pour de très lointains voyages ; néanmoins nous sommes toujours d'avis qu'il est bon de développer l'image peu de temps après l'exposition, ne fût-ce que pour se rendre compte de la marche des appareils et des produits et de la régularité du travail. Il est regrettable que, jusqu'à ce jour, les préparations sensibles sur verre soient les seules qui restent longtemps inaltérées ; les succédanées du verre, pellicules souples, vitroses et autres, s'altèrent plus vite, mais seulement après quelques mois, ce qui est très acceptable, et il y a tout lieu de croire à de très prochains progrès désirables dans l'intérêt commun des fabricants, des dépositaires et des consommateurs. De récentes recherches font espérer de grands progrès dans cette voie.

Immédiatement de très importantes fabriques, entre lesquelles nous citerons pour la France celles de MM. Lumière qui sont les plus considérables de toutes, de MM. Guilleminot, Boesflug et Cⁱᵉ, de MM. Graffe et Jougla, de M. Perron, etc., ont été créées ; cette fabrication est devenue une grande industrie ; elle livre au commerce des plaques sensibles de tous formats prêtes pour l'emploi. Le photographe professionnel ou amateur s'est trouvé ainsi affranchi de cette préparation très délicate sans intérêt direct pour lui, il n'a plus à s'occuper que de son œuvre principale, la recherche artistique et la production d'un bon cliché.

Photo-jumelle J. Carpentier.

Ces merveilleuses qualités du gélatino-bromure d'argent ont amené la création de nouveaux appareils de plus en plus commodes et portatifs, dits chambres à mains, parce que, grâce à la rapidité d'impression par la lumière, il n'est plus nécessaire de les poser sur un pied ; la photo-jumelle de M. Carpentier a été le début très réussi de la fabrication d'appareils similaires destinés à l'emploi du gélatino-bromure d'argent ; depuis dix ans environ, ces appareils se sont multipliés et modifiés sous les noms les plus divers et à des prix tellement élastiques que, si les plus perfectionnés, répondant à toutes les exigences d'un opérateur expérimenté, peuvent arriver aux chiffres élevés de 600 et 800 francs, on en trouve qui fonctionnent encore assez bien pour la modeste somme de 14ᶠʳ,75.

Ces progrès ont mis la photographie à la portée de toutes les bourses ; elle s'est répandue dans toutes les classes de la société, dans tous les pays, donnant à ses adeptes le plaisir de rechercher un sujet plus ou moins artistique et leur laissant les souvenirs durables de l'œuvre accomplie ; elle est une source de jouissance pour ceux qui s'y adonnent, elle est aussi une source de travail et de bénéfices pour le nombreux personnel qu'elle fait vivre.

Obturateurs. — La rapidité d'impression dépassant l'action de la main pour ouvrir et fermer l'objectif, il fallut recourir à un mécanisme dit obturateur qui pût la remplacer et il surgit de toutes parts un nombre considérable d'inventions et de systèmes cherchant à satisfaire aux conditions pratiques et scientifiques très délicates que comporte l'emploi de cet accessoire de l'appareil photographique. Ces conditions ne sont même pas encore complètement réalisées aujourd'hui, malgré tous les progrès de ces dernières années.

Nous avons mentionné plus haut un des premiers obturateurs, basé sur le mécanisme des stores de voitures et construit par Relaudin vers 1865 ; ce fut seulement beaucoup plus tard, lorsque cet accessoire fut devenu indispensable pour l'emploi du gélatino-bromure d'argent, que l'on revint à la recherche d'obturateurs plus pratiques ; le Musée centennal en comptait un certain nombre de modèles. Parmi les inventions diverses plus ou moins adoptées, nous citerons les suivants :

L'obturateur de M. Guerry (1880 et 1881), qui est encore en usage surtout dans les ateliers de pose ; il a l'avantage de fonctionner sans aucun bruit dans l'intérieur de la chambre noire, la personne qui pose ne s'en aperçoit pas et l'opérateur peut ainsi saisir une expression favorable sans craindre le mouve-

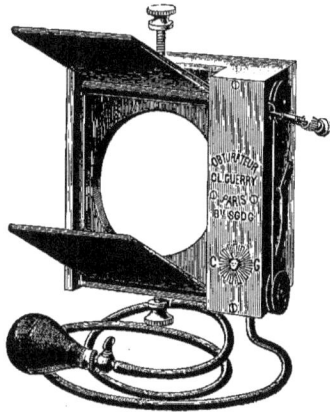

Obturateur Guerry, à double volet.

ment nerveux involontaire, presque inévitable, du modèle quand il entend ou voit ouvrir l'objectif ; cet obturateur à volet est relativement lent et conviendrait moins pour opérer au dehors. M. Guerry en a beaucoup accru la rapidité par l'adjonction d'un second volet qui suit presque immédiatement le mouvement du premier.

M. Fleury Hermagis construisit un obturateur formé par une lame métallique longue percée d'une fenêtre passant devant l'objectif ; cette lame est en chute libre verticale et fonctionne comme une guillotine, le déclenchement peut se faire à différentes hauteurs. Ces différences dans les hauteurs de chute font varier la rapidité du passage de la lame devant l'objectif suivant la loi connue de la chute des corps.

Deux obturateurs de M. Boca ont été exposés l'un par l'auteur, l'autre par par M. Bucquet.

Étaient également exposés plusieurs spécimens des premiers modèles d'obturateurs de MM. Londe et Dessoudeix. Ce système, encore en usage, donne la pose et l'instantanéité avec des variations de rapidité très étendues.

Les premiers types de ces obturateurs Londe et Dessoudeix étaient en bois,

Obturateur P. Boca.

les derniers sont entièrement en métal. Les uns étaient fabriqués pour les chambres à un seul objectif, d'autres pour la stéréoscopie (1884-1885) : rappelons à ce sujet que M. Londe a présenté à cette époque à la Société Française de Photographie une chambre noire stéréoscopique, dont les objectifs étaient à écartements variables, et que les obturateurs, indépendants l'un de l'autre, étaient néanmoins déclenchés au même instant par l'intermédiaire d'un tube de caoutchouc à deux branches commandées par une seule poire.

M. Drouet avait envoyé au Musée centennal plusieurs modèles d'obturateurs, entre autres celui construit par M. Steinheil (de Munich), formé de deux lames glissant l'une sur l'autre par la tension d'un ressort. Chacune d'elles est percée d'une ouverture d'égale grandeur; lorsque l'on déclenche le ressort, les lames reprennent leur position première en laissant passer la lumière pendant la rencontre plus ou moins rapide de l'ouverture de chacune d'elles.

M. Drouet mentionne également l'obturateur stéréoscopique construit par MM. Bezu et Hauser. Il est formé par une boîte mince tout en métal, sur les deux faces de laquelle sont montées les deux lentilles de l'objectif; deux paires de lames commandées par un levier commun s'écartent et se superposent de manière à dégager et à refermer l'objectif en lui donnant une ouverture en forme de V, un système de leviers et de verrous assure le fonctionnement soit de l'instantanéité avec vitesse graduée, soit de la pose; le déclenchement peut être fait à la main ou par la pression de l'air donnée par la poire de caoutchouc.

Obturateur Bezu et Hauser.

Les obturateurs sont presque tous adaptés sur l'objectif, soit en avant, soit en arrière, et le plus souvent, ce qui est préférable, entre les deux lentilles de l'objectif double employé. Dans ce dernier cas, il faut autant d'obturateurs que d'objectifs, et, si cette condition est favo-

F. Flameng.

L'INDUSTRIE.

Décoration de la Salle des Fêtes — Exposition de 1900.

Procédé Manzi, Joyant et Cⁱᵉ.

rable pour le vendeur, elle l'est beaucoup moins pour l'acheteur, car un bon obturateur est encore d'un prix élevé.

Pour plusieurs raisons pratiques et théoriques, il semble préférable que l'obturateur, formé par un rideau à fente variable et mû par un ressort plus ou moins tendu, soit fixé dans la chambre noire le plus près possible du châssis porte-plaque; à côté des avantages théoriques de ce système, on n'aurait ainsi qu'un seul obturateur pour tous les objectifs que l'on veut monter sur une même chambre noire simple ou stéréoscopique. Or nous avons déjà dit que l'opérateur qui veut être maître de son sujet et ne pas être commandé par son appareil doit avoir à sa disposition une série d'objectifs de foyer différents; ce desideratum est plus facile à réaliser avec l'obturateur à rideau fonctionnant dans l'intérieur de la chambre.

La merveilleuse rapidité d'impression que possèdent les préparations au gélatino-bromure d'argent a doté la science de nouveaux modes d'observation qui ont nécessité l'invention d'appareils spéciaux. Nous citerons parmi ces recherches celles qui se rapportent à la chronophotographie et à la photogrammétrie ou métrophotographie.

Affiche-réclame d'un professionnel.

Chronophotographie. — Sous ce nom on doit grouper toutes les méthodes qui ont pour but d'enregistrer les phases successives d'un mouvement, quelque rapides qu'elles soient.

Jusqu'ici les méthodes chronophotographiques ont été principalement appliquées aux études astronomiques et cinématiques, ces dernières surtout ont pu se développer très largement grâce à la rapidité d'impression.

Dès 1874, et bien avant que les glaces au gélatino-bromure d'argent fussent employées pratiquement, M. Janssen avait fait construire sous le nom de revolver photographique un appareil destiné à enregistrer sur plaque daguerrienne une série d'images montrant la marche de la planète Vénus passant sur le soleil (année 1874.)

Après avoir indiqué le mode de construction et de marche de son appareil, M. Janssen ajoute (1) : « La propriété du revolver photographique de pouvoir donner

_____

(1) *Bulletin de la Société Française de Photographie*, 1876, page 105,

automatiquement une série d'images nombreuses, aussi rapprochées qu'on le veut, d'un phénomène à variations rapides, permettra d'aborder des questions intéressantes de mécanique physiologique et se rapportant à la marche, au vol des oiseaux, aux divers mouvements des animaux.....

Réclame de Carjat publiée vers 1882 dans des journaux illustrés.

La principale difficulté viendrait actuellement de l'inertie de nos surfaces sensibles, eu égard aux durées si courtes d'impression que ces images exigent; mais la science lèvera sans doute ces difficultés. »

M. Janssen prévoyait la découverte très prochaine du procédé au gélatino-bromure d'argent, vers laquelle convergeaient une série de travaux antérieurs, Poitevin en 1850, Stas en 1873 et 1874, Bennett en 1878, travaux qui se résument en la formule très pratique donnée par Bennett pour la préparation d'une émulsion extrasensible; la prévision de M. Janssen est réalisée, on est arrivé à l'instantanéité.

M. le docteur Marey, qui poursuivait ses savantes études des mouvements, remplaça le revolver des recherches astronomiques par un fusil-revolver permettant de viser, de suivre et de saisir le mouvement des ailes d'un oiseau (1). Ce fusil donne douze images se suivant sur la même plaque et la rapidité d'impression de chacune est de 1/720 de seconde.

M. le docteur Marey a publié ses études en 1890 dans un livre intitulé *le Vol des oiseaux* (2), et il a continué depuis ses nombreux travaux; il a fait sur son exposition au Musée centennal un rapport spécial auquel nous renvoyons le lecteur.

Lorsque l'obtention des épreuves successives d'un sujet en mouvement fut réalisée, on eut avec l'exactitude photographique ce que le

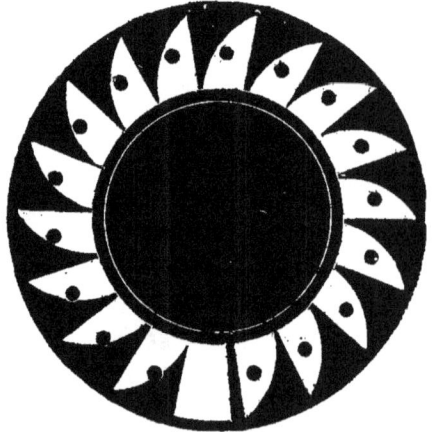

Passage de Vénus sur le soleil (1874).
Cliché obtenu par le revolver photographique de M. Janssen.

Phénakisticope (3) de nos jeunes années avait présenté avec des dessins plus ou

---

(1) *Bulletin de la Société Française de Photographie*, mai 1882, tome XXVIII, page 127.
(2) *Le Vol des oiseaux*, par J. Marey, membre de l'Institut, 1890. (G. Masson, éditeur.)
(3) Le Phénakisticope a été inventé par Plateau en 1833.

moins grossiers exécutés à la main; immédiatement l'application en fut faite et on vit paraître sous des noms différents, tels que bioscope, zootrope, phakinescope, etc., des appareils basés sur le même principe que le phénakisticope et dans lesquels les épreuves, fixées sur un disque ou sur un tambour, tournent et apparaissent à l'œil avec de rapides intermittences. La durée d'impression sur la rétine, qui est d'environ un dixième de seconde, fait que ces épreuves semblent se suivre sans interruption et on voit le sujet se mouvoir comme dans la nature.

M. le docteur Marey fit même modeler en ronde bosse, d'après ses photographies, une série de figures d'un goéland, au quart environ de grandeur naturelle, ayant chacune les ailes et le corps dans les positions successives du vol, et, lorsqu'on met

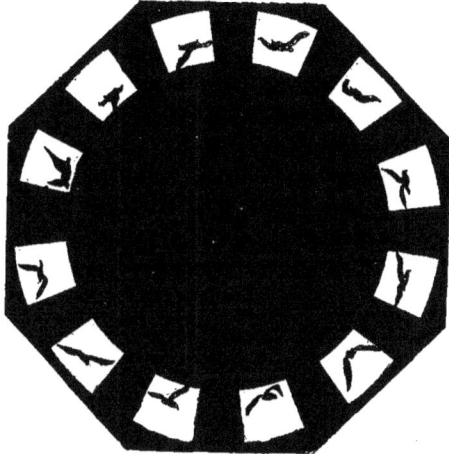

Le vol d'un oiseau.
Épreuve obtenue par M. Marey avec son fusil photographique.

en marche l'appareil sur lequel sont montés ces sujets, on voit un seul oiseau voler et on peut en suivre tous les mouvements.

Même avant la mise en pratique du procédé au gélatino-bromure, MM. Muybridge, Anschutz, Demeny qui avait travaillé dans le laboratoire de M. Marey, ont montré des résultats analogues obtenus au moyen de divers appareils qui n'ont pas paru au Musée ; M. Londe, chargé du service photographique de la Salpêtrière, avait envoyé et placé dans la vitrine de M. Marey un ensemble d'appareils permettant d'étudier les mouvements des malades atteints de maladies nerveuses.

Malgré tout l'intérêt que présentaient ces épreuves, on voyait se répéter rapidement le même sujet, visible seulement pour un très petit nombre de spectateurs ou même par une seule personne et on n'assistait pas à une scène suffisamment prolongée.

Cinématographe. — Par une série d'inventions, d'améliorations, de modifications successives, MM. Lumière frères ont transformé les méthodes et les pphareils ; ils ont créé le cinématographe qui, par le déroulement rapide et intermittent d'une très longue pellicule sensible, peut saisir une scène prolongée avec tous ses mouvements. Le même appareil, qui sert à produire les négatifs, peut servir également pour faire les positifs sur une bande de même longueur et à les projeter sur un large écran, à la grande satisfaction et aux applaudissements de tous les spectateurs d'une salle de spectacle ou d'un amphithéâtre. Le cinématographe, d'invention récente, est devenu un moyen de démonstration ; il vient

Cinématographe Lumière.

s'ajouter aux projections photographiques qui sont l'illustration imagée de la parole, le cinématographe en est l'illustration vivante.

Mentionnons pour mémoire que M. Ducos du Hauron avait envoyé au Musée centennal le plan d'un système de cinématographe remontant déjà à un grand nombre d'années (1864), mais non suivi d'exécution.

Photogrammétrie. — La précision, la netteté des épreuves photographiques a permis d'en faire une application au lever des plans ; cette application recherchée par M. le colonel Laussedat dès 1850, alors qu'il utilisait dans ce but les dessins à la chambre claire, fut réalisée par lui en 1860 avec les appareils de précision qu'il fit construire spécialement dans ce but et qu'il avait exposés au Musée centennal (1). Les spécimens des résultats obtenus, entre autres un plan de Tananarive exécuté par le commandant Delcroix, accompagnaient cette exposition.

Le procédé auquel fut donné le nom de *Photogrammétrie*, puis ensuite *Métrophotographie*, par décision du Congrès de 1889, fut employé comme très exact et très expéditif par l'état-major autrichien et par l'état-major italien pour compléter très rapidement les cartes générales de ces contrées ; récemment, au Canada, les appareils photogrammétriques du colonel Laussedat ont permis de

_____

(1) Le lecteur trouvera de plus amples renseignements sur la photogrammétrie de M. le colonel Laussedat dans un même fascicule intitulé *Métrophotographie*, par M. le colonel Laussedat, et *Chronophotographie*, par M. Marcy, et faisant partie de l'ensemble des rapports sur les musées rétrospectifs.

faire en très peu de temps un relevé des Montagnes Rocheuses que, peut-être, il eût été impossible d'obtenir par les moyens ordinaires et anciens. Nous n'avons pas à rechercher pourquoi cette méthode fut peu pratiquée en France et ne prit que difficilement place parmi celles qui sont administrativement adoptées. La Photogrammétrie ou Métrophotographie du colonel Laussedat a été expliquée et publiée dans une série de mémoires adressés par lui à l'Académie des sciences.

La photographie et les recherches judiciaires. — Mentionnons encore l'application de l'exactitude photographique aux recherches de la police. On sait qu'un laboratoire est installé à la Préfecture de Police pour prendre la photographie, face et profil, de tout individu qu'on juge utile d'y envoyer ; ces portraits joints à la fiche qui le concerne constituent de très précieux documents pour l'avenir. M. A. Bertillon, chargé de ce service, avait exposé au Musée centennal un tableau des poses, formats et réductions employés, et un album montrant, en grandeur presque naturelle les signes caractéristiques de quelques professions manuelles, telles les traces des guides sur les mains d'un cocher, l'action des acides sur celles d'un rétameur, les marques ou durillons spéciaux résultant de divers travaux habituels.

Dans la première partie de cette étude, nous avons examiné principalement les diverses méthodes employées pour obtenir le cliché négatif ou phototype destiné à fournir un nombre plus ou moins considérable d'épreuves positives, et nous avons indiqué comment elles se sont succédé en dérivant presque toujours les unes des autres ; la plupart de ces méthodes étaient rappelées par les appareils exposés.

Plaquette du Photo-Club de Paris.

III

PHOTOGRAPHIE POSITIVE

(DIVERS PROCÉDÉS D'IMPRESSION)

La seconde partie de ce travail est consacrée surtout aux divers modes d'impression employés pour produire les épreuves positives. Cette question de l'impression photographique s'est posée dès le début, nous la retrouvons dans les essais de Nicéphore Niepce (année 1824) qui obtint les premières planches gravées sur étain; dans les tentatives faites par Donné, Foucault, Fizeau, Lemaître, Hurlimann, Niepce de Saint-Victor, A. Poitevin, etc., pour rattacher la photographie aux autres impressions graphiques, et cette recherche a été continuée sans interruption depuis la plaque daguerrienne jusqu'à nos jours; mais il fallut cinquante ans de travaux et d'inventions successives pour que la photographie passât de son état d'isolement à l'état d'union avec les autres arts graphiques et qu'elle prit sa place dans la grande industrie avec la typographie, la lithographie, la gravure en relief et en creux, etc.; cette conquête, longtemps retardée par les difficultés techniques et aussi, nous devons le dire, par les intérêts menacés, est acquise désormais, et la photographie, outre les méthodes d'impression si variées qui lui sont propres et qui sont venues enrichir l'ensemble des arts graphiques, peut prendre toutes les formes des impressions courantes faites à l'encre grasse indélébile, et devenir Gravure en relief, ce qui lui donne l'illustration du Livre, Gravure en creux pour les planches hors texte et autres de toutes dimensions, Lithographie pour les tirages séparés du texte; le but final si longtemps poursuivi est donc atteint industriellement. Sans doute il y a encore de nombreux progrès à réaliser, mais, après avoir constaté les efforts et les progrès faits pas à pas, nous voyons maintenant la photographie s'épanouir au milieu des arts graphiques auxquels elle est unie désormais d'une manière indissoluble. En 1839, le procédé Daguerre est inventé, mais l'image sur plaque d'argent est unique, on ne peut en tirer plusieurs exemplaires, et de suite on cherche à transformer ces plaques en planche gravée; quelques-unes furent obtenues, mais ce mode d'opérer trop délicat fut abandonné dès que le procédé négatif vint remplacer l'épreuve daguerrienne. Il sembla en effet, dès le début, que le négatif ne s'altérant pas, du moins théoriquement, on pouvait l'utiliser pour faire de très nombreuses épreuves et arriver ainsi à l'illustration du Livre.

Dès 1854, Blanquart-Evrard, à Lille, illustra, au moyen de clichés pris sur nature, le bel ouvrage de Maxime Du Camp sur l'Egypte, et il tira de ces clichés le nombre nécessaire d'épreuves positives ; un exemplaire, très bien conservé, de cette première illustration du Livre par la photographie était exposé par M. Bigo, imprimeur à Lille. Ces épreuves photographiques positives ont été imprimées par développement, c'est-à-dire par une courte exposition à la lumière de la feuille de papier sensible sous le cliché et par le passage dans un bain révélateur suivi du fixage et des lavages nécessaires. La plupart de ces épreuves sont à peine altérées après cinquante ans, ce qui prouve, au point de vue de la conservation et de la rapidité d'exécution, la supériorité des images développées sur celles obtenues par la seule lumière du jour, toutes réserves faites pour les autres qualités.

M. A. Firmin Didot publia en 1858 une petite édition d'*Horace* (in-32), dans laquelle furent insérées des vues photographiques prises sur l'emplacement de la villa d'Horace, et, en 1864, il publia un autre volume, *Anacréon* (in-32), illustré par les reproductions photographiques des dessins de Girodet; ces épreuves, tirées sur papier albuminé, sont moins bien conservées que celles obtenues par développement; elles étaient exposées par M. Firmin Didot.

D'autres essais de même genre suivirent ; mais les résultats démontrèrent combien le texte typographique et l'épreuve photographique courante étaient encore loin de l'harmonie désirable dans un ouvrage ; le tirage du texte est rapide et relativement peu coûteux, le tirage des clichés photographiques demandait alors une opération séparée pour chaque épreuve, des préparations chimiques aux sels d'or et d'argent, l'emploi d'un papier spécial ; ce tirage était donc fort lent et coûteux, le résultat ne s'harmonisait pas avec le texte, et de plus, on avait déjà constaté que l'épreuve photographique positive, faite alors sur papier albuminé, s'altérait rapidement et prenait une teinte jaune ocreuse, remplaçant la vive couleur qui charmait au début. Ces premiers essais d'illustration du Livre furent donc abandonnés pour n'être repris que beaucoup plus tard ; ainsi se trouvaient presque inutilisées les plus sérieuses applications de la photographie, et la mauvaise conservation des épreuves pouvait faire craindre la disparition de documents scientifiques et artistiques de grande importance.

Le duc Albert de Luynes, qui était à la fois savant chimiste, numismate distingué, archéologue et voyageur, comprit qu'il fallait entraîner la photographie vers la recherche des impressions inaltérables et il fonda un prix de dix mille francs à décerner par la Société Française de Photographie pour l'emploi, dans les impressions photographiques, des substances connues comme étant les moins altérables par les agents extérieurs (1).

---

(1) Le prix de 10 000 francs, fondé par le duc Albert de Luynes, fut divisé en deux parties, l'une de 2 000 francs, pour les procédés autres que les impressions aux encres grasses, donnant néanmoins des

Ce prix donna naissance à de très nombreuses recherches, principalement à celles qui avaient pour but de transformer l'image photographique en planches gravées ou en lithographies.

Déjà, avant la mise au concours du prix de Luynes, il avait été fait de nombreux essais dont quelques-uns étaient rappelés à l'Exposition centennale; ainsi les premières tentatives de lithographie photographique étaient représentées par une épreuve (Portail de la cathédrale de Chartres) obtenue en 1853 par M. Davanne, dans les ateliers de M. Lemercier, par le procédé de MM. Lerebours, Lemercier, Barreswil et Davanne, lequel était basé sur l'emploi du bitume de Judée étendu en couche mince sur la pierre lithographique. Cette méthode fut abandonnée, elle était lente et assez peu pratique.

Vers la même époque, Ch. Nègre obtint de magnifiques planches gravées sur acier par l'emploi du bitume de Judée qui fixait l'image; cette impression était suivie d'une dorure galvanique formant réserve, puis d'une morsure à l'acide qui creusait l'acier sans attaquer les parties dorées; deux grands spécimens des gravures de Nègre étaient exposés par M. Davanne : elles représentaient, l'une le portail de la cathédrale de Chartres, l'autre un détail de ce portail. Nègre est décédé sans avoir donné sur son procédé les explications suffisantes pour que d'autres pussent le mettre en œuvre.

Lorsque les concours au Prix du duc de Luynes furent ouverts, le nombre des inventeurs et des procédés nouveaux s'accrut considérablement. Nous mentionnons rapidement ces divers procédés, remettant à M. L. Vidal, qui a bien voulu s'en charger, le soin de faire l'historique des divers procédés dits aux encres grasses et des procédés directs et indirects de reproduction des couleurs par les méthodes photographiques.

Presque tous ces procédés dérivent des propriétés que prend sous l'influence de la lumière la gélatine ou les corps analogues, comme l'albumine, la caséine, la gomme arabique, etc., lorsqu'ils ont été additionnés d'un bichromate alcalin. La gélatine, ou les substances ci-dessus nommées, passent alors de l'état de solubilité dans l'eau chaude à l'état d'insolubilité proportionnellement à la somme de lumière reçue; elles peuvent même arriver à l'imperméabilité.

Poitevin étudia la succession de ces divers états et indiqua les résultats pratiques qui pouvaient en découler, et ce sont ses recherches et ses publications qui transformèrent la photographie et permirent de remplacer les épreuves facilement altérables par les épreuves dites au carbone ou matières colorantes inaltérables

épreuves avec des matières inaltérables; l'autre de 8 000 francs pour les procédés d'impressions photographiques aux encres grasses.

(Voir pour le prix de 2 000 francs le rapport de M. Paul Périer (*Bulletin de la Société Française de Photographie*, 1859, tome V, page 121. Pour le prix de 8 000 francs, voir le rapport de la commission chargée de décerner ce prix. M. A. Davanne, rapporteur. (*Bulletin de la Société Française de Photographie*, 1867, tome XIII, page 29.)

Planche extraite de " L'ESTHÉTIQUE DE LA PHOTOGRAPHIE "

Photogravure J. Malvaux.

PAYSAGE EN SAVOIE.

P. Bourgeois.

et par les tirages mécaniques aux encres grasses. Poitevin fut le lauréat du concours au prix de 8000 francs du duc de Luynes; il n'était représenté au Musée centennal que par le manuscrit d'un de ses brevets exposé par M. Michel Berthaud. Nous énumérerons néanmoins quelques-uns des procédés que nous devons à ses fertiles études.

La propriété de la gélatine bichromatée de devenir plus ou moins insoluble dans l'eau chaude, suivant les intensités lumineuses qui l'ont frappée, donna naissance à de très nombreuses et très importantes applications ; telles sont la photographie au carbone ou autres matières colorantes inaltérables, la photocollographie, la phototypie, plusieurs procédés d'impression mécanique et, par extension, les applications à la céramique.

Photographie aux matières colorantes inaltérables. — Une solution de gélatine dans laquelle on a incorporé une matière colorante, telle que du noir de fumée ou autre, additionnée de bichromate de potasse ou d'ammoniaque, est étendue sur une surface à laquelle elle adhère momentanément ; cette couche est exposée à la lumière sous un cliché, il se produit dans son épaisseur une épreuve positive qu'il faut dégager ; cette opération nécessite presque toujours, suivant les procédés, une complication de transfert qui consiste d'abord à transporter cette couche de gélatine insolée sur une feuille de papier qui est un support provisoire permettant d'enlever par l'eau plus ou moins chaude toute la gélatine restée soluble ; la gélatine insoluble et la matière colorante qu'elle garde incorporée reste sur cette feuille et donne une image complète mais retournée ; par une seconde opération, on la transporte sur un support définitif, toute la gélatine soluble étant enlevée, il ne reste que celle insolubilisée qui retient la matière colorante et qui peut donner des images positives d'une finesse et d'une dégradation de teintes irréprochables, telles celles exposées au Musée centennal, dues à M. Chardon ou à MM. Braun et Clément, et aussi celles envoyées par un grand nombre de professionnels et d'amateurs à l'Exposition universelle de 1900. Nous ne pouvons entrer dans les détails de ces diverses manipulations, que l'on trouvera expliquées dans tous les traités; ces opérations de transfert ou de double transfert qui paraissent compliquées s'exécutent couramment dans beaucoup d'ateliers (1).

_____

(1) En 1859, quatre ans après la découverte de Poitevin, Pouncy présenta le procédé à la gomme bichromatée à la Société photographique de Londres et s'en servit jusqu'en 1864, époque à laquelle le procédé au charbon perfectionné par Swan entra dans le domaine pratique. M. Rouillé-Ladevèze eut l'idée de se servir de la gomme bichromatée pour obtenir des effets nouveaux. Il exposa plusieurs de ses épreuves au premier Salon du Photo-Club de Paris. Son exemple fut suivi par M. Robert Demachy, qui s'appliqua spécialement à l'obtention des demi-teintes et du fondu que le procédé semblait ne donner qu'imparfaitement. Il fut le premier à exposer des œuvres réellement artistiques dues à ce procédé qui, depuis lors, a été adopté avec enthousiasme par toute une école de photographes artistes de toutes les nationalités,

A l'Exposition universelle de 1889, M. Artigue fils montra des épreuves très modelées et d'un beau noir velouté obtenues sans transfert avec un papier préparé par lui. La beauté des résultats fait regretter que l'usage de ce papier n'ait pas pris une extension plus générale (1).

Photoglyptie. — Si nous supposons la mise en œuvre du procédé précédent, nous constatons que les parties gélatineuses non enlevées par le développement à l'eau chaude et restées sur leur support sont représentées non seulement par leur matière colorante, mais aussi par des épaisseurs très accentuées lorsque la gélatine est humide et encore très sensibles et visibles lorsque la dessiccation est complète ; il y a donc possibilité d'en faire des moulages en reliefs ou en creux assez forts, si on opère sur épreuve encore humide, et d'une finesse rigoureuse si on opère sur épreuve sèche.

Dès 1866, Poitevin avait moulé et contre-moulé ces creux avec des matières plastiques et céramiques ; dans les creux, il coulait une solution de gélatine teintée sur laquelle il appliquait une feuille de papier ; après refroidissement et prise de la gélatine, il relevait la feuille qui entraînait celle-ci, et les différentes épaisseurs s'indiquaient par des différences de teinte et donnaient une épreuve ; ou encore il mettait dans les creux du moule des poudres d'émail de couleurs variées, passait au moufle d'émailleur et produisait ainsi par la photographie des plaquettes émaillées. (Archives de la Société Française de Photographie.)

A la même époque, 1866, Woodbury, en Angleterre, prit un brevet pour le procédé auquel il donna son nom (Woodburytypie) et que depuis on a dénommé plus simplement *Photoglyptie.*

---

entre autres par MM. Puyo, Grimprel, Dubreuil, Brémard, Mlle Laguarde, MM. Sollet, Le Bègue, etc., en France.

La technique en est simple. Il suffit de couvrir un papier à dessin ou à aquarelle quelconque d'un mélange de bichromate de potasse à saturation, de gomme arabique à 50 °/₀ et de couleur moite d'aquarelle en quantité variable, selon l'effet désiré. La proportion du mélange est de : un tiers de bichromate pour deux tiers de gomme. La couche doit être égale et suffisamment mince pour que l'insolation puisse se produire dans toute son épaisseur. On arrive à ce résultat en brossant rapidement le papier tendu avec un large pinceau plat enduit de mélange sensible coloré et en fondant les inégalités laissées par ce premier badigeonnage avec un second pinceau plus large en soies de porc, forme *queue de morue.* Le papier doit être séché à l'obscurité. L'insolation, indépendamment du facteur cliché, est proportionnelle à l'épaisseur de la couche. Elle varie de vingt minutes à deux ou trois heures à l'ombre.

Le dépouillement se fait à l'eau froide, tiède ou chaude ; il peut aussi se faire par frottement au bluireau ou au pinceau doux ou dur.

Jusqu'ici l'avantage du procédé ne consisterait que dans son bon marché, la variété et la beauté de son pigment et la suppression de son transfert, mais, pendant le dépouillement, le goût et la fantaisie personnelle de l'opérateur peuvent s'affirmer à un degré qu'aucun autre procédé ne peut atteindre. Les corrections de valeurs, les suppressions complètes de détails, ou même d'objets inutiles sont rendues aisées par la mollesse de la couche ; en somme le dépouillement, qui normalement devrait être proportionnel à l'insolation, peut être forcé jusqu'à ce qu'il produise un blanc là où le cliché a produit un noir ou arrêté au point de donner un noir où le négatif indiquait un blanc. L'artiste est donc libre d'accentuer ce qu'il lui plait, et de noyer ce qu'il trouve inopportun de laisser voir. En d'autres termes, il peut traduire sa propre vision et substituer cette traduction au simple enregistrement de l'objectif. C'est là la qualité distinctive de la gomme bichromatée, qualité qui a rendu ce procédé cher à tous ceux qui veulent trouver dans la photographie surtout un moyen d'expression. (*Maurice Bucquet.*)

(1) Depuis 1889, une fabrication analogue, par M. Fresson, s'est développée et a livré au commerce des papiers du même genre de couleurs différentes.

La Photoglyptie, oubliée maintenant, était représentée au Musée centennal par les pièces et appareils que lui avaient confiés MM. Braun et Clément. Ce procédé a fourni de très belles épreuves et on eût pu croire un instant qu'on arriverait ainsi à produire des photographies inaltérables pour des éditions courantes, mais le prix élevé des appareils, quelques difficultés d'exécution et le montage des épreuves en arrêtèrent le complet développement industriel. Nous indiquons ici en quelques mots seulement la marche du procédé (1).

Presse hydraulique Rousselon, pour le moulage des plombs photoglyptiques.

Etant donnée une épreuve en gélatine bichromatée avec ses creux et reliefs obtenue sur un support de collodion souple, on la met, après complète dessiccation, sous une puissante machine hydraulique, entre une plaque d'acier bien dressée et une lame de plomb dont la surface est complètement nette, et on comprime à raison de 500 kilogrammes par centimètre carré de surface, soit pour une épreuve de $0^m,30$ sur $0^m,40$ une pression de 600000 kilogrammes. La gélatine sèche est excessivement dure et elle le prouve, car elle entre dans le plomb, y moule ses plus délicates finesses et est enlevée sans avoir subi d'altération, prête, s'il est nécessaire, pour une seconde pression.

La lame de plomb est devenue un moule véritable très parfait, que l'on monte sur une presse spéciale assez semblable à un moule à gaufres très perfectionné. Dans ce moule on verse une solution chaude de gélatine teintée par telle couleur que l'on veut, on superpose une feuille de papier préalablement

---

(1) Voir Vidal (Léon), *Traité pratique de Photographie*, 1881 (Paris, Gauthier-Villars, éditeur); Davanne, *la Photographie*, 1886, tome II (Paris, Gauthier-Villars, éditeur).

imperméabilisée par un bain de résine pour empêcher la dilatation et on ferme le moule; l'excès de la gélatine est expulsé par les bords comme la pâte d'une gaufre; après refroidissement on enlève le papier qui entraîne la gélatine, donne l'épreuve, et on obtient ainsi une image photographique aussi belle que celles obtenues par d'autres procédés et inaltérable comme la matière colorante choisie pour la teinter. Le montage de plusieurs de ces presses sur une table tournante facilitait beaucoup le travail.

Presse pour impression photoglyptique.

M. Rousselon de la Maison Goupil et Valadon, MM. Braun et Cie, M. Lemercier, ont utilisé ce procédé très délicat, pour quelques éditions, mais ils l'ont abandonné à mesure que les progrès de la photogravure et de la photocollographie ont rendu pratiques les tirages aux encres grasses.

Gravure en creux et en relief par moulage, par morsure et par réseaux. — Les procédés de gravure en creux par moulage sont assez nombreux, soit, comme le fit M. Placet (1) et plusieurs autres chercheurs, que l'opérateur prenne par la galvanoplastie un creux des reliefs de la gélatine, soit qu'il contremoule les creux de la photoglyptie; M. Rousselon fit par ce dernier procédé des planches de grandes dimensions très remarquables, parmi lesquelles nous citerons « le coup de canon » de Berne-Bellecour, qu'il envoya à l'Exposition universelle de Vienne en 1873. Nous avons plaisir à rappeler à ce sujet que, membre adjoint du Jury des impressions gra-

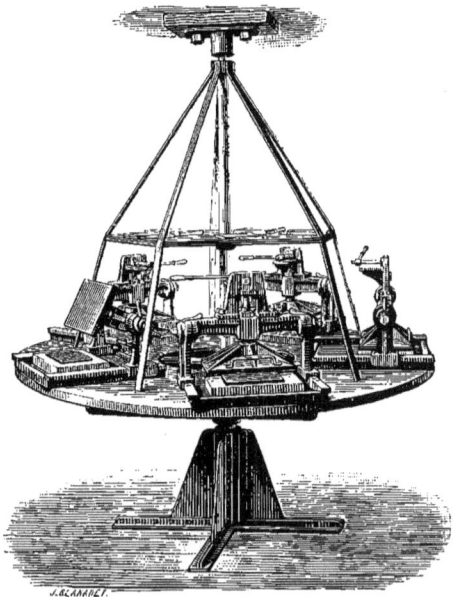

Table tournante portant les presses photoglyptiques.

(1) M. Placet fit toute une série de planches gravées destinées à un ouvrage sur la cathédrale de Reims et sur la collection de tapisseries qu'elle renferme, une de ces planches avait été exposée par M. Vidal.

phiques à cette exposition de Vienne, nous répondîmes à M. Masson, juré titulaire, qui présentait quelques observations contre, disait-il, « la pénétration, l'ingérence de la photographie dans le domaine de l'imprimerie » : « Cher collègue, l'illustration du livre appartient désormais à la photographie, tôt ou tard elle en sera maîtresse, qui sait si elle ne prendra pas la lettre. » (A. D.)

Les divers procédés de gravure photographique prirent une importance de plus en plus grande dans les ateliers de gravure artistique de la maison Goupil devenue maison Boussod et Valadon, puis Manzi, Joyant et Cⁱᵉ. M. Manzi appliqua de la manière la plus habile le principe des réseaux essayés d'abord par F. Talbot, puis par Berchtold qui conseilla l'emploi d'une glace couverte par un vernis de bitume de Judée et striée ensuite à la machine de fines lignes parallèles très serrées.

M. Manzi obtint de très belles gravures en creux et en relief, dont quelques-unes de grandes dimensions ($0^m,80 \times 0^m,60$), au moyen de réseaux. Il était représenté au Musée centennal par plusieurs spécimens de reproductions, d'après des peintures de maîtres (Van Mark, — Breton, — Jules Dupré, — Detaille, etc.). Ces planches gravées en relief furent imprimées dans ses ateliers avant 1884 (1). Depuis, il appliqua aux reproductions par la photographie tous les procédés des arts graphiques avec des tours de main que nous n'avons pas à rechercher et il obtint dans tous les genres, aussi bien en teintes monochromes qu'en fac-similé de peintures, d'aquarelles, de pastels, des résultats très remarquables.

Mentionnons encore le moulage direct par galvanoplastie sur le cliché même ; c'est par ce procédé, paraît-il, que MM. Lumière frères ont produit ces planches d'une merveilleuse finesse qu'ils avaient exposées, en 1889, et qu'ils ont rappelées au Musée centennal par l'exposition de deux belles photogravures représentées par deux planches accompagnées de leurs deux épreuves ; ces dernières ont été données par eux à la Société Française de Photographie.

N'oublions pas que *dès le début* et jusqu'à ce jour M. Dujardin s'est créé, pour la gravure photographique, une spécialité qu'il a toujours soutenue avec le plus grand succès. Son exposition de 1900 nous a montré des échantillons de tous ses travaux successifs, depuis les photogravures en noir et en couleurs jusqu'aux applications des procédés trichromes. Il fit, en 1870, une planche héliochromique représentant un petit herbier d'après des clichés de Blanquart-Evrard (Exposition de 1878) ; en 1875, il exécuta pour Ch. Cros les clichés nécessaires pour la gravure héliochromique d'une aquarelle reproduisant une armoirie. Son exposition de 1900 était en réalité rétrospective et montrait l'ensemble de ses remarquables travaux.

(1) *Bulletin de la Société d'encouragement pour l'industrie nationale*, 4ᵉ série, tome Iᵉʳ, page 150, année 1886. — Rapport de M. Davanne.

Photocollographie, méthode d'impression analogue à la Lithographie. — La
gélatine, la colle de poisson et d'autres substances analogues additionnées de
bichromate alcalin, sont modifiées par l'action de la lumière et peuvent devenir,
non seulement insolubles dans l'eau, mais même imperméables; c'est sur cette
dernière propriété qu'est basée la Photocollographie.

Lorsqu'une couche de gélatine bichromatée étendue sur une surface plane a
été exposée à la lumière sous un cliché photographique, celle-ci agit avec plus
ou moins d'intensité suivant les valeurs de ce cliché; lorsque l'insolation a été
suffisamment prolongée, les parties les plus insolées deviennent imperméables et
repoussent l'eau comme le ferait une toile cirée, et cette imperméabilisation décroit
en raison des opacités plus ou moins grandes de ce cliché. Si on passe sur cette
surface préalablement mouillée, puis convenablement essuyée, un rouleau chargé
d'encre lithographique, l'action est sensiblement la même que sur une pierre lithographique, l'encre adhère sur les parties imperméables qui n'ont pas conservé
d'humidité, puis elle adhère de moins en moins à mesure que la surface a conservé
une humidité plus grande, et cela avec une finesse qu'il serait souvent difficile
d'obtenir par le dessin du lithographe.

Poitevin avait observé ces propriétés, il les a mentionnées dans l'ouvrage
qu'il publia en 1862 (page 76) (1) dans lequel il dit : « La possibilité une fois
» reconnue (par lui) de faire adhérer l'encre grasse et tout corps gras aux seules
» parties modifiées par la lumière d'une surface quelconque recouverte du
» mélange précité (bichromate et matières gommeuses et gélatineuses), j'étais
» arrivé à la possibilité de la Photolithographie. »

Divers noms ont été donnés à cette méthode d'impression; les congrès
de 1889 et de 1891 ont réservé le nom de photolithographie aux impressions
directes sur pierre et sur zinc, dont les surfaces font par elles-mêmes fonction
lithographique. Le nom de photocollographie a été donné aux impressions sur
gélatine bichromatée étendue sur une surface plane quelconque en remplacement
des divers noms imposés d'abord au gré de l'opérateur : tel celui de phototypie
donné par MM. Tessié du Motay et Maréchal (de Metz); ce nom regrettable, qui
est encore employé aujourd'hui, est tout à fait erroné, car il entraine l'idée de
typographie, c'est-à-dire d'encrage sur des reliefs qui n'existent pas ou qui, s'ils
existent, sont justement les parties qui refusent de prendre l'encre; puis celui
d'Albertypie (1868 et 1869), encore plus faux parce qu'il donnait au procédé de
Poitevin le nom de celui qui, ayant pris l'idée mère de Poitevin et l'application
de Tessié du Motay et Maréchal (de Metz), avait su, par quelques perfectionnements et en utilisant une glace forte comme support, en tirer des épreuves très

---

(1) *Traité de l'impression photographique sans sels d'argent*, par Alphonse Poitevin, 1862. (Paris, Leiber
éditeur.)

remarquables par leur finesse et leur modelé. Albert de Munich fit donc une habile application d'un procédé dont il n'était pas l'inventeur.

Le congrès de 1889 décida que le nom proposé de Photocollographie répondait mieux que tout autre à ce mode d'impression, il fut adopté mais il n'a pu encore remplacer complètement celui de Phototypie; il a été donné aussi à ce procédé le nom très regrettable de Photogravure qui ne lui était nullement applicable.

La Photocollographie était représentée au Musée centennal, dans les archives de la Société Française de Photographie, par divers spécimens dont quelques-uns, obtenus par Poitevin; mais c'est surtout depuis 1890 qu'elle prit le plus grand développement et donna des résultats tout à fait pratiques et industriels; la majeure partie de ces cartes postales qui circulent actuellement dans toutes les parties du monde est imprimée par les procédés photocollographiques.

L'idée première que nous venons d'expliquer est simple, mais il fallut, pour la rendre pratique, de nombreux perfectionnements que nous résumons rapidement : une glace forte, scrupuleusement nettoyée, est couverte de gélatine bichromatée, puis exposée à la lumière sous un négatif retourné. Sous les grands clairs, la gélatine devient complètement imperméable; dans les demi-teintes, l'imperméabilisation est plus ou moins accentuée, cette surface prend donc l'encre proportionnellement à l'humidité restée sur la surface après essuyage.

Mais, lors des premières tentatives industrielles, une même planche ne pouvait fournir qu'un petit nombre d'épreuves, l'humidité générale pénétrait peu à peu toute l'épaisseur de la couche, qui perdait ainsi son adhérence au support, et le rouleau lithographique, dont l'encre est très adhésive, ne tardait pas à l'arracher; actuellement, pour obvier à cet inconvénient, on commence par mettre sur la glace support une première couche mince formée d'albumine bichromatée et de silicate de potasse, cette sous-couche est consolidée à fond en exposant à la lumière l'envers de la glace qui l'a reçue, et dessus on coule la préparation bichromatée destinée à l'impression; pour relier ces deux couches superposées, on fait encore à l'envers de la glace une nouvelle exposition qui les soude ensemble, la face sensible ayant été préalablement posée sur une étoffe noire pour que la sensibilité n'en soit pas altérée; ainsi l'insolubilité commence par le dessous, les déchirements ou décollements sont beaucoup moins à craindre et, nous a dit M. Despaquis, il n'y a plus aucune crainte si la soudure est arrivée jusqu'à la surface sensible, ce que l'on constate par la coloration de l'image devenue visible à la surface de la glace. Dans ces conditions, la planche photocollographique est assez résistante pour supporter à la presse mécanique un tirage comparable à celui de la lithographie ordinaire.

Mais l'évaporation trop rapide de l'eau rendait ces tirages irréguliers, en été surtout; on remédia à cet inconvénient en employant pour le mouillage un mélange d'eau et de glycérine qui peut aller jusqu'à parties égales de chaque.

Nous devons reconnaître aussi que la mise en train d'un tirage photocollographique demande beaucoup de soins. Nous rappellerons que ces difficultés, non
encore vaincues complètement, avaient fait dire autrefois à un de nos plus habiles
professionnels en ce genre, que jamais ce mode de tirage ne serait pratiquement
industriel ; le débit des cartes postales, celui de nombreux prospectus est venu
renverser cette affirmation, et, en outre, ce procédé donne des illustrations très
artistiques, telles que celles publiées par l'Institut polygraphique de Zurich, avec
les belles photographies de M. Boissonnas (1), mais, pour obtenir les meilleurs
résultats, il faut réunir un bon photographe, un habile imprimeur, un excellent papier
glacé ou mieux couché et, jusqu'à ce jour, pour une belle publication illustrée, il
faut imprimer deux tirages, l'un pour le texte, l'autre pour la photographie, car
les qualités des encres ne sont pas semblables.

La gravure en creux et surtout la gravure en relief se sont développées parallèlement, mais l'historique de ces procédés appartient à la grande compétence
de notre savant collègue, M. Vidal, professeur de reproductions industrielles à
l'école des Arts décoratifs.

Céramique. — Certaines substances hygroscopiques et adhésives, comme
le miel, le sucre, la gomme arabique, perdent ces propriétés lorsqu'elles sont
soumises à l'action de la lumière après avoir été additionnées d'un bichromate
alcalin, de préférence de bichromate d'ammoniaque. Cette action est analogue à
celle mentionnée ci-dessus, pour les mélanges de gélatine et de bichromate
alcalin.

Dans ces conditions, si on étend sur une glace bien propre une solution
aqueuse de sucre, de gomme arabique et de miel, et, qu'après séchage rapide, on
abandonne cette glace dans l'obscurité à l'humidité ambiante, elle conserve ses
propriétés adhésives et, en la couvrant avec une poudre colorée, elle happera et
retiendra cette poudre d'une manière uniforme ; si, au contraire, on l'expose à
la lumière, elle perd ses propriétés poisseuses et ne retiendra pas la poudre ;
cette modification étant proportionnelle à l'action lumineuse, on a les éléments
d'une impression photographique.

Cette réaction fut utilisée pour produire ainsi des épreuves positives inaltérables
comme la matière colorante employée. MM. Salmon et Garnier et quelques autres
inventeurs cherchèrent à utiliser ce procédé, qui demande pour produire l'image
l'emploi d'une épreuve positive ; les clairs en effet donnent les blancs, et les
opacités donnent les noirs. La méthode employée directement sur papier produisait
difficilement des épreuves assez pures, les pores du papier retenant souvent la

---

(1) *Genève à travers les siècles,* par Guillaume Fatio, illustration de Fr. Boissonnas, arrangements
artistiques de Fritz Eggler.

SIMILIGRAVURE EN DEUX TONS D'APRÈS NATURE

matièr c colorante. Le résultat fut meilleur en opérant sur une feuille de verre comme support, et en utilisant le collodion pour transporter l'image sur papier. Toutefois ce procédé et ses dérivés ne furent pas adoptés dans la pratique, mais ils devinrent le point de départ d'une très intéressante application à la fois artistique et industrielle, celle des émaux photographiques.

Sur une glace parfaitement nettoyée on étend donc une solution de sucre, de gomme arabique, de miel dans de l'eau saturée de borate de soude et on fait sécher immédiatement (1) dans l'obscurité. On pose sur cette plaque l'épreuve positive à reproduire, on expose à la lumière, puis, rentrant dans l'obscurité, on démasque la plaque qu'on abandonne pendant quelques moments à l'humidité ambiante qui rend plus ou moins poisseuses les parties que l'air a modifiées ; on saupoudre cette surface avec de la poudre d'émail, en insistant légèrement avec un blaireau très doux, et peu à peu l'image se développe. On la couvre alors avec du collodion normal qui emprisonne la poudre ; lorsque le collodion a bien fait prise, on plonge le tout dans l'eau acidulée, la pellicule de collodion se détache, emportant l'image, et elle nage dans l'eau que l'on change avec précaution pour enlever toute trace d'acidité ; puis on glisse sous cette pellicule la plaque d'émail blanc sur laquelle l'épreuve doit être vitrifiée, on l'enlève, on l'égoutte, on fait adhérer ; lorsque la dessiccation est complète, on passe avec précaution dans un moufle d'émailleur, et, sauf les retouches nécessaires, l'épreuve est terminée. Mais il faut d'un bout à l'autre de ces opérations une habileté et des soins exceptionnels.

Nous rappelons que, dès 1855, M. Lafon de Camarsac (2) indiquait plusieurs méthodes pour obtenir des émaux photographiques. Ses premiers essais avaient pour base d'abord l'argent qui forme l'épreuve et quelques substitutions métalliques qu'il était possible de produire sur des épreuves ordinaires; il employa aussi les propriétés adhésives du bitume de Judée ou d'un vernis qu'il saupoudrait d'oxyde métallique ou de poudres vitrifiables ; plus tard, en 1855, MM. Maréchal de Metz et Tessié du Mottay modifièrent cette méthode qu'ils rendirent plus pratique pour faire photographiquement quelques vitraux cuits au feu. Un portrait de femme, très modelé, dû à ces artistes, avait été exposé par M. Michel Berthaud.

Plus tard, M. Lafon de Camarsac utilisa les matières hygroscopiques et poisseuses mélangées de bichromate de potasse, et à l'Exposition universelle de 1867 il exposait au Champ-de-Mars des émaux photographiques de grande dimension représentant les portraits des membres du Conseil d'administration de la Société Française de Photographie ; à l'Exposition rétrospective de 1889, il envoya dans un même cadre de très intéressants spécimens de ses travaux.

---

(1) Fossarieu (de Lucy), *Photographie sur émail, faïence et porcelaine*, 1869, Paris. — Martin (Anton.), *Photographie sur émail*, Weimar, 1872.
(2) *Comptes rendus de l'Académie des Sciences*, séance du 11 juin 1853.

Les émaux photographiques monochromes et polychromes demandent le concours de véritables artistes émailleurs pour la retouche et la coloration, et, à l'Exposition de 1900, les œuvres monochromes et polychromes de M. Mathieu Deroche ont prouvé que cet art difficile avait suivi une progression constante, ainsi que le prouvait également un grand et beau portrait sur émail exposé par Mme Versavaux.

Mentionnons encore, mais seulement pour mémoire, le procédé de Poitevin qui découvrit la propriété que possède un mélange sec de perchlorure de fer et d'acide tartrique de devenir hygroscopique par l'action de la lumière, et conseilla l'emploi de cette réaction pour produire des images photographiques sans sels d'argent. Une surface couverte de ce mélange, séchée, exposée sous un négatif, devient hygroscopique dans les parties qui ont reçu l'action lumineuse ; on passe sur cette surface une poudre colorée ou une poudre d'émail qui donne l'épreuve, on enlève celle-ci au moyen d'une couche de collodion, et pour le reste on opère comme il est dit ci-dessus. Nous ne croyons pas que cette réaction ait été adoptée d'une manière courante dans la pratique; Poitevin l'a décrite dans son *Traité de l'impression photographique sans sels d'argent* que nous avons déjà mentionné.

Nous cédons la plume à notre collègue M. Vidal ; le lecteur trouvera dans la partie spéciale, que nous devons à sa collaboration, quelques-unes des affirmations et des explications que nous avons données précédemment; nous avons pensé que nous devions laisser intacte cette étude qui vient confirmer nos assertions précédentes.

Gravure photo-chimique de A. Poitevin (1847).

IV

HISTORIQUE DE LA PHOTOGRAVURE
SES DIVERS PROCÉDÉS ET SES APPLICATIONS

M. LÉON VIDAL

Premiers essais. — Il faut remonter aux premiers temps de la photographie, soit à l'époque même de son invention par Nicéphore Niepce, pour assister aux débuts de la gravure avec le concours de l'action lumineuse. C'est en 1814 que Niepce fit ses premiers essais du procédé au bitume de Judée, lorsqu'il eut découvert la propriété qu'a cette substance de devenir insoluble dans un de ses dissolvants après avoir été exposée à la lumière ; c'est de cette propriété qu'il fit une application à la gravure en créant la *réserve* à l'aide d'un cliché de traits ou directement à la chambre noire.

En fait, c'est par la gravure que la photographie a inauguré l'innombrable série de ses merveilleuses applications.

Le premier résultat obtenu est de 1816, date fixée par une lettre écrite par Nicéphore Niepce à son frère Claude ; il est intéressant d'en citer le passage suivant :

A. POITEVIN

« Je plaçai, dit Nicéphore Niepce, l'appareil dans la chambre où je travaille,
» en face de la volière et les croisées ouvertes. Je fis l'expérience d'après le pro-
» cédé que tu connais ; je vis sur le papier blanc toute la partie de la volière qui
» pouvait être aperçue de la fenêtre, et une légère image des croisées qui se
» trouvaient moins éclairées que les objets extérieurs. On distinguait les effets
» de la lumière dans la représentation de la volière et jusqu'au châssis de la
» fenêtre. Ce n'est encore qu'un essai bien imparfait, mais l'image des objets était

» extrêmement petite. La possibilité de peindre de cette manière me paraît à peu
» près démontrée, et, si je parviens à perfectionner mon procédé, je m'empres-
» serai, en t'en faisant part, de répondre au tendre intérêt que tu veux me témoi-
» gner. Je ne me dissimule point qu'il y a de grandes difficultés, surtout pour
» fixer les couleurs ; mais, avec du travail et beaucoup de patience, on peut faire
» bien des choses. »

Lors de l'association de Niepce avec Daguerre en 1829, les expériences spéciales au procédé de gravure furent abandonnées. Daguerre déclarait n'y atta-
cher aucune importance, ce en quoi il ne fut pas bon prophète. La mort de
Niepce, survenue en 1833, coupa court à toute continuation d'essais de cette
sorte.

Il y a donc à retenir surtout, dans l'œuvre due à l'inventeur de la photographie,
l'indication de la matière première dont il décrit la préparation, cette matière
c'est l'asphalte ou bitume de Judée.

« Je remplis à moitié, dit-il, un verre de ce bitume pulvérisé, je verse dessus,
goutte à goutte, de l'huile essentielle de lavande jusqu'à ce que le bitume n'en
absorbe plus et qu'il en soit bien pénétré. J'ajoute ensuite assez de cette huile
essentielle pour qu'elle surnage de trois lignes environ au-dessus du mélange
qu'il faut couvrir et abandonner à une douce chaleur jusqu'à ce que l'essence
ajoutée soit saturée de la matière colorante du bitume. Si le vernis n'a pas le
degré de consistance nécessaire, on le laisse évaporer à l'air libre dans une cap-
sule, en le garantissant de l'humidité qui l'altère et finit par le décomposer. »

Pour résumer la description, bornons-nous à dire qu'une plaque d'argent est
recouverte d'une couche mince de la préparation ci-dessus, qu'elle est ensuite
soumise aux impressions du fluide lumineux, mais sans que rien indique qu'aucun
effet s'est produit même après que la plaque y a été exposée assez longtemps. Il
s'agit donc de la dégager et on n'y parvient qu'à l'aide d'un dissolvant. Il importe
de remarquer ici qu'on se trouve bien en présence du premier procédé dans lequel
il soit question d'une image latente à faire apparaître par un traitement ultérieur :
c'était, dans le cas du bitume impressionné, par la dissolution des parties de cette
substance non insolubilisées par l'action lumineuse.

Ce dissolvant se composait d'un mélange d'huile essentielle de lavande et
d'huile de pétrole blanche.

Après dissolution du bitume demeuré soluble, la planche était lavée et l'on
avait une image formée par du bitume, corps inattaquable par les acides, et par
suite propre à former une excellente *réserve* lors de la morsure.

Ce procédé, à quelques variantes près, est encore appliqué de nos jours, surtout pour la gravure des clichés typographiques. Tout en résumant beaucoup
l'œuvre de Niepce, nous avons tenu à la retracer avec quelques détails de façon à
fixer bien nettement un point historique de très sérieuse importance. C'était la

porte ouverte vers tous les autres procédés de photogravure dès que l'on savait que la lumière, convenablement dirigée, pouvait créer à la surface des plaques métalliques des réserves efficaces.

Nous allons passer en revue les divers procédés qui ont été la conséquence naturelle de la découverte mère : la voie était toute tracée, il n'y avait plus qu'à s'y engager en perfectionnant graduellement les méthodes.

Procédé de photogravure de Fox Talbot. — Premiers emplois du réseau. — En 1852, Fox Talbot, toujours à la recherche de nouveaux progrès, s'occupait de transformer les images sur un métal pour en tirer, à l'aide de la gravure, des épreuves inaltérables; seulement son procédé diffère de celui de Niepce.

Talbot connaissait sans doute les essais de Mungo Ponton qui, en 1839, avait constaté qu'un papier imprégné de bichromate de potasse brunissait à la lumière.

Ses recherches eurent surtout pour objet de trouver un moyen de graver l'acier, parce qu'il croyait que si l'on pouvait réussir à graver, même faiblement, une plaque d'acier, elle fournirait, à cause de sa dureté, autant d'impressions qu'on en voudrait.

Ses premières épreuves, soumises par lui à l'Académie, avaient été tirées de plaques d'acier gravées par sa méthode que voici résumée :

Une plaque d'acier, préalablement décapée dans du vinaigre additionné d'acide sulfurique, était recouverte d'un mélange de gélatine et de bichromate de potasse.

Après dessiccation de la couche, obtenue d'une façon très uniforme, on formait une sorte de cliché, soit avec un morceau de dentelle, soit avec une feuille de plante, on l'appliquait sur la plaque et le tout était exposé au grand soleil pendant une à deux minutes, puis la plaque était mise dans une cuvette d'eau froide pendant quelques instants ; après quoi elle était passée dans de l'alcool et mise à sécher.

Il s'agissait de trouver un liquide qui pût graver l'image ainsi obtenue, sans toutefois exercer une action chimique sur la gélatine.

Le bichlorure de platine parut remplir les conditions désirées, il mordait à travers la couche.

Une des plus importantes modifications apportées par Talbot à ce procédé initial fut celle qui consistait à prendre une plaque d'acier portant la couche sensible à la lumière, à la couvrir d'abord d'un voile de crêpe ou de gaze noire, puis à l'exposer au grand soleil.

En retirant la plaque on la trouve empreinte d'un grand nombre de lignes produites par le crêpe. Alors on substitue au crêpe un objet quelconque, par exemple la feuille opaque d'une plante, et on remet la plaque au soleil pendant quelques minutes. En la retirant pour la deuxième fois, on trouve que le soleil a rembruni toute la surface de la plaque non protégée par la feuille, en détruisant tout à fait les lignes produites par le crêpe, mais que ces lignes subsistent toujours sur l'image de la feuille qui les a protégées. Si l'on continue alors à graver la plaque par les moyens déjà indiqués, on parvient finalement à une gravure qui représente une feuille couverte de lignes intérieures.

On a l'apparence d'une feuille uniformément striée ; Talbot est bien, on le voit, un des précurseurs de l'emploi des trames ou réseaux qui sont venus aider si considérablement à l'emploi de la gravure typographique.

« On s'aperçoit facilement, dit-il encore, que si, au lieu de prendre un voile de crêpe ordinaire, on en prenait un de fabrication extrêmement délicate, et si l'on prenait l'image photographique en la doublant cinq à six fois sur la plaque, on obtiendrait un résultat de lignes s'entrecroisant, si fines et si nombreuses qu'elles produiraient l'effet d'une ombre uniforme sur la gravure, même en regardant d'assez près. »

L'emploi des grains obtenus soit par ce moyen, soit par d'autres procédés analogues, se trouve là à son point de départ ; il en sera fait usage ultérieurement et par maints autres inventeurs, il ne faudra donc pas oublier alors la part qui revient à Talbot dans ces intéressantes applications.

Il perfectionna d'ailleurs lui-même ses premières méthodes comme il suit :

« Quand la glace portant l'image photographique est sortie du châssis à reproduction, je saupoudre sa surface avec soin et très uniformément de gomme copal réduite en poudre fine (à défaut de celle-ci, j'emploie de la résine ordinaire) ; quand la plaque est recouverte, je la chauffe horizontalement sur une lampe à alcool pour fondre la gomme et il se produit ainsi sur la plaque un grain d'aqua-tinta. »

La gélatine étant ainsi grainée, on y verse le liquide qui doit servir de mordant.

Il est ainsi préparé : « On sature de l'acide muriatique avec du peroxyde de fer en ajoutant de celui-ci autant que l'acide peut en dissoudre ; on fait ainsi du per-chlorure de fer qui est dissous dans de l'eau en proportions diverses, de façon à former des solutions plus ou moins mordantes ; le liquide pénètre la gélatine là où la lumière n'a pas agi, mais refuse de traverser les parties sur lesquelles l'action lumineuse a produit une décomposition. C'est sur ce point remarquable qu'est basé tout l'art de la gravure *photoglyphique*. »

Lorsqu'on juge que la morsure ne fait plus de progrès, on arrête en passant rapidement un courant d'eau froide qui enlève tout le mordant.

Talbot faisait agir successivement les solutions de perchlorure de fer à des degrés d'intensité différents.

Telle est, indiquée très succinctement, l'œuvre de Talbot ; ses procédés, amé-liorés par la pratique, sont encore employés avec grand succès pour la gravure en creux sur cuivre et sur zinc.

Niepce de Saint-Victor a voulu continuer l'œuvre féconde de son cousin Nicéphore Niepce; il a seulement donné quelques formules plus pratiques pour la gravure au bitume de Judée (1853), réduisant surtout la pose à la chambre noire à un quart d'heure et à quelques minutes pour les reproductions par contact au soleil.

Procédés divers d'impression aux encres grasses et matières colorantes inaltérables.
— Bien que les actions de la lumière sur les mucilages bichromatés eussent déjà été indiquées et utilisées par Fox Talbot après Mungo Ponton et Hunt, c'est à Alphonse Poitevin surtout que l'on doit l'étude et l'application la plus complète de ces composés à l'impression photographique. Ses travaux relatifs aux effets de la lumière sur certaines substances organiques, mélangées de bichromate de potasse et d'un sel de chrome, datent de 1854.

En 1855, il trouve un procédé de photolithographie au moyen de l'albumine bichromatée; procédé qui fut plus tard, en 1857, exploité par la maison Lemercier. Ce procédé le conduisit à celui plus direct de la phototypie consistant dans l'impression à l'encre grasse,

Héliographie de A. Poitevin (1855).

sur une couche de gélatine bichromatée, insolée sous un négatif, mouillée et tirée à la presse comme sur une pierre lithographique (1).

A cette époque, le duc de Luynes mit à la disposition de la Société Française de Photographie un prix de 8 000 francs destiné à récompenser le meilleur procédé d'impression photographique par les encres grasses. Ce prix fut accordé à Poitevin en 1867. « Par son procédé, concluait M. Davanne, rapporteur, il produit facilement, sans retouche, de manière à laisser toute garantie d'authenticité, une épreuve photographique quelconque et à tel nombre d'exemplaires qu'il

---

(1) Zurcher (ouvrier lithographe) eut, en 1851, l'idée de soumettre la pierre lithographique à l'action de la lumière.
C'est en se servant de l'original même, qu'il appliquait sur la pierre préparée comme un cliché, qu'il obtenait ses épreuves après l'avoir exposée aux rayons lumineux; il était pourtant parvenu à opérer dans la chambre noire, ce qui conduisait à l'obtention des images à teintes continues.

peut être nécessaire pour mettre à la portée de chacun les documents utiles aux arts et aux sciences. »

Poitevin a également fait usage d'un grain combiné avec la morsure chimique pour produire de l'aquatinte photographique. Berschtold fit de même ; Albert de Munich, 1869, et Obernetter, 1870, pratiquèrent avec succès la phototypie dénommée actuellement photocollographie (congrès de 1889) ; Asser, en 1858, en fit une application aux épreuves pour transfert en enduisant du papier avec de la gélatine bichromatée. L'image résultant de l'impression par la lumière était encrée et transportée sur pierre ou sur plaque de métal ; en 1850, Gillot, se bornant à mettre en pratique industrielle les procédés au bitume, créa la méthode d'exécution des clichés typographiques sur zinc, par des transports de sujets au trait sur plaques de zinc et par des morsures successives. C'est le procédé qu'il désigna sous le nom de paniconographie, lequel était universalisé, suppléant déjà, dans bien des cas, à la gravure sur bois.

Héliographie de A. Poitevin.

Ce fut une des premières révolutions causées par la photographie dans l'art de l'illustration du livre.

Il serait trop long de citer tous les habiles chercheurs auxquels on doit des perfectionnements dans la photogravure ; nous ne pouvons pourtant pas oublier les noms de Fizeau (1840), Baldus et Nègre en 1850, Garnier et Salmon (1) (1855 à 1860), inventeurs d'un procédé d'aquatinte photographique que perfectionnèrent successivement Baldus et Dujardin.

Ce procédé n'est qu'une variante de celui dont Talbot a donné les bases principales.

---

(1) Procédé de MM. Garnier et Salmon :

1° Si l'on prend une planche de laiton, qu'on l'expose aux vapeurs d'iode à l'abri de la lumière et qu'on passe sur cette planche une touffe de coton garnie de globules de mercure, la plaque s'amalgame aussitôt, elle refusera au contraire de s'amalgamer si elle a préalablement reçu l'influence de la lumière.

2° Si l'on passe sur une lame de laiton amalgamée par place un rouleau d'encre grasse, le mercure, agissant comme l'eau, repousse l'encre, tandis que celle-ci se fixe partout où il n'y a pas de mercure. (Rapport de M. Davanne.)

Tel était le principe de ce curieux procédé applicable à la fois à la lithographie et à la gravure, soit en creux, soit en relief.

A la suite de ces noms, il faut encore citer ceux de MM. Amand Durand, Pinel-Peschardière, Tessié du Mottay et Maréchal (de Metz), Drivet, qui furent tous des applicateurs industriels de méthodes déjà connues, toujours à quelques modifications de détail près.

A. Berget.   Photogravure H. Reymond.

M. GABRIEL LIPPMANN
dans son Laboratoire de la Sorbonne.

Karl Klic, en 1881, apporta une heureuse modification aux procédés ci-dessus
en transportant, sur la plaque de cuivre grainée, une épreuve au charbon.

Swan avait, de son côté, suggéré cette idée qui remplaçait l'impression directe
sur une couche de gélatine bichromatée étendue sur la plaque.

L'épreuve au charbon permet de réaliser des contrastes mieux marqués.

L'électro-phototypie a été surtout l'œuvre de Paul Pretsch (1855). La maison
Goupil, sous la direction de M. Rousselon, a fait avec un très grand succès une
application de cette méthode que M. Manzi remplaça ensuite, dans les ateliers
d'Asnières, par le procédé Klic qui vient d'être mentionné.

Héliographie de A. Poitevin.

Un procédé de gravure en creux, d'un genre tout spécial, puisqu'il s'imprime
avec de l'encre gélatineuse liquide, fut imaginé en 1866 par Woodbury; il est
connu sous le nom de son inventeur, *Woodburytypie* ou *Photoglyptie* d'une façon
plus générale.

Ce procédé est une sorte d'impression mécanique analogue, quant aux résultats,
au procédé dit au charbon.

L'obligation de procéder à un montage subséquent a été une cause d'inferio-
rité pour cette méthode, pourtant fort ingénieuse, et encore susceptible d'applications diverses qui auront, tôt ou tard, leur heure d'utilité pratique.

Nous ne voudrions pas omettre le nom de M. Merget dans la nomenclature des
pères de la photogravure, bien que les procédés qu'il a indiqués, si intéressants

6

qu'ils soient, ne comptent pas parmi ceux, en nombre très restreint, industriellement exploités (1).

Aux noms qui ont été cités il convient d'ajouter encore ceux de James en 1860, Toovey en 1863, Osborne en 1869. Chacun de ces chercheurs a, à son actif, tel tour de main ingénieux plutôt qu'une invention première; ils n'en ont pas moins contribué aux progrès d'un art qui semble aujourd'hui avoir atteint à une perfection qu'il paraît difficile de dépasser.

Tel est à peu près, dans son ensemble, l'historique de la photogravure jusqu'à l'époque où s'est vulgarisée la méthode de phototypogravure avec l'aide des trames.

Grâce à ce moyen, déjà entrevu par d'autres après Talbot, l'impression en relief ou typographique de sujets à demi-teintes était chose possible; elle est devenue courante et pratique au point que tous les clichés photographiques à teintes continues peuvent être transformés en blocs typographiques, qu'on introduit dans la composition des caractères et qu'on imprime simultanément avec le texte.

C'est là la deuxième révolution importante opérée dans les arts de l'illustration du livre.

La gravure sur bois, déjà gravement atteinte par la vulgarisation de la paniconographie, a été plus sérieusement touchée encore par la *similigravure*.

Grâce aux travaux de M. Ives de Philadelphie, de Meisenbach de Munich, d'Angerer de Vienne (Autriche), et aussi de quelques fabricants de trames ou réseaux, en tête desquels il convient de citer Lévy de New-York, cet art tout spécial et capable de rendre absolument les valeurs de tous les sujets à demi-teintes a pris une importance considérable dans l'illustration du livre (2).

Il implique l'emploi de papiers couchés ou fortement satinés; la finesse des points et leur rapprochement sont tels qu'un papier, même légèrement grenu, est impropre à l'impression de ces sortes de clichés, à moins de ne donner que des images absolument défectueuses.

La similigravure a donc pour conséquence la fabrication de papiers spéciaux à surface extrêmement lisse.

---

(1) M. Merget a montré que le zinc recouvert par précipitation d'un métal des trois dernières sections n'est attaquable par l'acide azotique étendu qu'aux points restés à découvert; tandis que dans les acides sulfurique, chlorhydrique, acétique, etc., étendus, il est au contraire attaqué aux points seuls où le métal étranger le recouvre.

Ce principe a conduit à diverses applications intéressantes et notamment, en 1873, à deux procédés d'héliogravure dus à M. Gourdon.

(2) L'idée de la trame était venue à Woodbury; on a des épreuves qui ne laissent aucun doute à cet égard. Plus tard, Ch. Guillaume Petit (1880) fit connaître un premier procédé de réseau en traçant à la machine à diviser des lignes parallèles très serrées sur une surface de matière plastique contre laquelle il comprimait un relief en gélatine. Mais ce procédé, bien que très ingénieux, ne fut que très peu pratiqué; il fut remplacé en 1882 par le réseau photographique, méthode qui a dû son premier élan à M. Meisenbach, de Munich.

Déjà nous avons fait remarquer les indications fournies antérieurement dans cette voie par Talbot, puis par les autres inventeurs utilisant le grainage à l'aide de divers moyens.

C. Puyo.   *Contre-jour.*

Nous n'avons pas ici à apprécier si ces papiers spéciaux ne constituent pas une sorte d'infériorité pour les livres qui les contiennent, pas plus que nous n'avons à juger si la gravure sur bois n'était pas préférable à ces reproductions dont les caractères d'authenticité et d'exactitude ont pourtant une valeur qu'on ne peut qu'apprécier favorablement.

La similigravure, quand elle est appliquée convenablement, produit des œuvres superbes, et il n'est pas douteux que ce procédé, qu'on a déjà beaucoup amélioré, continuera à recevoir des perfectionnements qui, pour le rendu des œuvres d'art et de la nature, feront de ce moyen de reproduction quelque chose de bien supérieur à tous les arts manuels de copie par voie d'interprétation.

Arrêtés aux termes de la période embrassée par cet historique, les procédés de photogravure, soit en relief, soit en creux, ont à peu près atteint à l'apogée de ce qu'ils peuvent jamais être quant à l'obtention des plus beaux résultats possibles ; évidemment, l'avenir leur appartient, comme à toutes les applications de l'industrie humaine, mais il est permis de constater, en arrivant à la conclusion de cette série d'applications spéciales, que leur évolution vers la production d'œuvres admirables a été prompte, au delà de toute espérance, et de reconnaitre qu'il est laissé bien peu de marge, pour l'avenir, aux chercheurs de méthodes encore plus parfaites, soit plus rapides, soit plus sûres et susceptibles de donner des résultats encore plus beaux.

A. Darnis.

V

LA PHOTOGRAPHIE DES COULEURS

PAR

M. LÉON VIDAL

Photographie directe des couleurs.

Dès les premiers temps de la découverte de la photographie, l'idée d'appliquer ce moyen de copie à la reproduction des couleurs a pris naissance sous une forme évidemment vague et indéterminée.

On ne pouvait s'empêcher, en voyant sur la plaque dépolie de la chambre noire les charmantes images polychromes qui s'y trouvaient réfléchies, de songer à l'admiration que devrait provoquer l'application de l'art photographique naissant à l'impression de ces images avec leurs couleurs.

Ce qui n'était alors qu'un pur rêve, un desideratum, à la réalisation duquel on ne croyait guère, est devenu depuis un fait, non pas encore à son dernier degré de perfection, mais pourtant assez rapproché d'elle pour qu'on puisse affirmer, dès maintenant, que la photographie, art essentiellement monochrome à ses débuts, compte déjà au premier rang parmi les moyens de copie polychrome, soit par la mise en œuvre de procédés directs et immédiats de reproduction de couleurs, soit par des opérations conduisant indirectement au rendu plus ou moins exact des couleurs.

C'est l'historique de ces découvertes qui va nous occuper : nous en indiquerons sommairement les étapes successives.

Historique. — On sait que divers savants : Siebeck, J. Herschell, Hunt, avaient, vers 1839, observé que le papier sensible au chlorure d'argent, exposé à l'action d'un spectre très lumineux, recevait une impression se traduisant par des teintes d'un rouge plus ou moins vif ; d'autre part, Edmond Becquerel, en s'occupant de ces effets que l'on aurait pu attribuer à l'action de la chaleur, fit la remarque que le chlorure d'argent, lorsqu'il commence à se colorer, est légèrement violacé, d'où il résultait que l'impression se manifestait d'abord dans la partie la plus réfrangible, ou violette, du spectre par une teinte violacée, puis, d'autre part, par une teinte rouge dans la portion la moins réfrangible, ou rouge, du spectre. Son attention fut éveillée par cette très curieuse coïncidence, et c'est alors qu'il eut la pensée de poursuivre plus loin ses recherches dans la voie des actions produites par les radiations colorées sur des composés sensibles à la lumière.

Sans entrer dans les détails relatifs aux nombreux et très intéressants essais de Becquerel, nous nous bornerons à en indiquer les résultats, point de départ bien autrement important de travaux dont il va être question plus loin.

Travaux d'Edmond Becquerel, Niepce de Saint-Victor et Poitevin. — Les expériences sur des papiers sensibilisés au chlorure d'argent n'ayant pas donné des effets satisfaisants, M. Becquerel eut recours à des préparations de la substance sensible à la surface même de la plaque daguerrienne (plaqué d'argent) : la couche sensible était obtenue dans l'obscurité à l'aide de courants électriques ; il produisait ainsi du sous-chlorure d'argent violet, c'était, disait-il, le seul corps chimiquement impressionnable qui, véritable rétine minérale, jouisse jusqu'ici de la propriété remarquable de reproduire les nuances des rayons lumineux actifs et de peindre avec la lumière.

« Les iodures, bromures, etc., d'argent ne donnent aucune couleur et même il suffit que le chlorure soit mélangé d'un peu de ces composés pour que toute nuance disparaisse. »

En fait, M. Edmond Becquerel obtenait sur des surfaces d'argent poli des images en couleurs rappelant à peu près les couleurs des originaux. Mais ces images ne pouvaient, sans être détruites, être exposées à l'action, même peu prolongée, de la lumière blanche.

Niepce de Saint-Victor fit alors de son côté des essais basés sur les expériences d'Ed. Becquerel, mais avec le désir de donner aux images colorées une stabilité plus grande ; divers vernis métalliques recuits furent passés à la surface des images, mais sans beaucoup de succès, car ils n'empêchaient pas la lumière de réduire, bien que plus lentement, le sous-chlorure d'argent non modifié et l'image disparaissait.

A. Poitevin a voulu produire sur papier des images colorées ; il le préparait avec du sous-chlorure d'argent violet, puis il appliquait sur sa surface une dissolution de bichromate de potasse, de sulfate de cuivre et de chlorure de potassium.

Sur ce papier il obtenait des épreuves du spectre lumineux avec ses nuances, mais elles étaient moins belles que sur plaques d'argent, sans présenter une plus grande stabilité.

Telles sont les premières tentatives de reproduction directe des couleurs. En résumé : certains effets, assez remarquables, étaient constatés, mais les résultats ne pouvaient subir, sans être modifiés ou détruits, l'action de la lumière blanche et de plus on agissait empiriquement puisqu'on ignorait les causes des effets obtenus.

C'était, il faut bien le reconnaitre, un point de départ encore assez vague, et pourtant il y avait là matière à espérer de plus complets succès dans cette voie, puisque, par une cause quelconque, on retrouvait sur les plaques, bien qu'atténuées, les couleurs des originaux.

Découverte de M. Lippmann. — Ce n'est qu'en 1889, c'est-à-dire vingt-cinq ans environ après ces premières expériences, que M. Gabriel Lippmann est venu donner la clef du problème et en fournir une solution des plus éclatantes par sa découverte de la photographie interférentielle.

Il a démontré victorieusement que les rappels de couleurs dus à Ed. Becquerel et à ceux qui l'avaient suivi dans la recherche empirique des impressions colorées n'étaient, en réalité, qu'un effet des interférences, ou, autrement dit, que la conséquence de lames minces d'épaisseurs diverses, combinées entre elles de façon à correspondre aux longueurs d'ondes et par suite à la couleur des rayons réfléchis.

Cette admirable découverte a créé une base sûre, bien que fort délicate, pour la reproduction directe des couleurs ; on en connait maintenant le mécanisme, on sait que, grâce à la mise en contact d'une couche sensible transparente avec un miroir réfléchissant (c'est, dans le cas qui nous occupe, une couche de mercure directement étendue contre la couche sensible), le retour des rayons réfléchis forme, avec les rayons incidents, une série de maxima et minima lumineux, lesquels créent, au sein même de la couche sensible, des zones transparentes correspondant aux minima (ou zones d'obscurité) et des zones obscures correspondant aux maxima (ou zones de clarté) : c'est là ce que l'on a désigné sous le nom d'interférences ; il en résulte une sorte de réseau lamellaire composé alternativement de couches ou espaces transparents et de lames obscures d'argent réduit.

Cet effet est obtenu quand, après l'impression à la chambre noire et la formation des franges d'interférences par le développement, on dissout, dans l'hyposulfite de soude, le bromure d'argent non réduit.

Ces lames ont des longueurs d'ondes qui correspondent à celles des diverses zones colorées du spectre solaire, depuis $4/10000000^e$ de millimètre jusqu'à $7/10000000^e$ de millimètre.

On savait déjà que les lames minces donnent une couleur correspondant à celle de leur longueur d'onde ; M. Lippmann a démontré que non seulement la photographie interférentielle rend les couleurs simples, mais encore qu'elle donne les nuances infinies des couleurs composées.

Ces couleurs, qu'elles soient simples ou composées, ne sont que des couleurs virtuelles ou des radiations, elles ne sont pas pigmentaires. Ce qui revient à dire qu'il n'y a pas, en fait, de couleurs sur la plaque photographique, comme il y en a sur une peinture quelconque : le réseau formé sur la plaque et dans l'épaisseur même de la couche qui la recouvre, ne se compose que de lames minces, de lignes très rapprochées alternativement translucides et obscures ; ces lames, de même que tous les réseaux, ont la propriété de décomposer la lumière blanche, et c'est pourquoi, lorsqu'on regarde l'image, sous une certaine incidence, on voit apparaître non seulement des couleurs diverses, mais celles même de l'objet reproduit.

Aussi ces images, à l'encontre de celles de Becquerel que l'action de la lumière détruisait, sont-elles douées d'une parfaite stabilité ; la lumière, après développement, fixage et lavages complets, demeurant sans action sur l'argent réduit et sur les espaces translucides qu'il sépare.

Cette merveilleuse découverte présente, on s'en doute, des difficultés opératoires avec lesquelles il faut compter, mais il en est de même au début de toutes les applications, surtout quand il s'agit d'œuvres accomplies au sein de l'infiniment petit. N'oublions pas les chiffres cités plus haut, où il est question de dix millionièmes de millimètre.

On pourrait descendre plus loin encore vers les régions de l'infini, mais on est là assez bas, dans le règne infinitésimal, pour se rendre compte des causes d'erreur qui existent dans la pratique d'un procédé aussi délicat ; aussi constitue-t-il encore plutôt une expérience de laboratoire des plus curieuses qu'une méthode pratique et, par suite, sûre de photographie des couleurs.

Il en sera de cette méthode, aujourd'hui encore si incertaine, de même qu'il en a été de beaucoup d'autres qui, d'une mise en œuvre fort difficile au début, sont devenues, grâce à des tours de main et des perfectionnements imprévus dès leur découverte, d'une application industrielle très courante.

C'est, pour le moment, tout ce qu'il est intéressant de dire sur la photographie directe des couleurs ; elle est un fait incontestable, il n'y a plus qu'à en perfectionner et à en généraliser l'emploi en le rendant pratique et en l'utilisant aussi bien au point de vue scientifique qu'au profit de l'art et de l'industrie.

En attendant l'heure de ces progrès, on a, pour satisfaire au desideratum de la photographie directe des couleurs rendue vraiment industrielle, les procédés de photographie indirecte des couleurs.

Photographie indirecte des couleurs

Nous avons à décrire ces procédés succinctement après avoir fait l'historique de cette méthode si curieuse qui, bien qu'assez compliquée, est en train de passer déjà dans le domaine d'applications de plus en plus heureuses et fréquentes.

PHOTOCHROMOGRAVURE EN 3 COULEURS
D'après une aquarelle

Il convient, avant d'en arriver à l'état actuel de ces procédés, de rappeler que, bien avant l'invention de la photographie, des graveurs dont les œuvres sont toujours très estimées, tels que J. C. Leblond, peintre allemand (1704), Gautier (vers la même époque), essayèrent d'appliquer à la peinture ou à la gravure la théorie de Newton sur les couleurs.

Leblond, s'en tenant aux trois couleurs seulement, ne fut pas très heureux dans ses tentatives, tandis que Gautier, grâce à l'adjonction d'une quatrième couleur, finit par obtenir un plus grand succès.

Ses quatre couleurs étaient : le noir, un bleu, un jaune et un rouge, à l'aide desquels, en y comprenant le blanc du papier, il pouvait former toutes les couleurs imaginables.

Il avait créé trois clefs pour les différents tons qu'il voulait donner à ses tableaux; clefs basées sur ce qu'on appelait déjà les quatre couleurs primitives. Plus tard, vers les premières années du dix-neuvième siècle, sir David Brewster, confondant les radiations colorées avec les couleurs pigmentaires réfléchies, érigeait, en théorie scientifique, cette existence de trois couleurs primaires spectrales : jaune, bleu, rouge, pouvant servir, par leur combinaison, à la formation de toutes les couleurs et nuances.

Cette erreur d'un savant physicien tel que sir David Brewster devait avoir une répercussion sur les méthodes de photographie indirecte dont nous allons parler.

Quoi qu'il en soit, il était déjà à peu près démontré pratiquement, tout en faisant la part large à l'interprétation, qu'on pouvait, soit avec trois couleurs soit avec ces mêmes bases additionnées d'une quatrième valeur, réaliser à peu près la copie d'œuvres pictoriales ou de la nature.

Travaux de H. Collen, Ransonnet, Cros et Louis Ducos du Hauron. — Tandis qu'Edmond Becquerel et d'autres ne cherchaient la solution de la photographie des couleurs que par une impression immédiate directe, d'autres savants, convaincus par avance de la difficulté que présentait la solution du problème dans cette voie, pensèrent qu'on pouvait l'obtenir indirectement en constituant, à l'aide de la photographie et par voie sélective, des monochromes des couleurs essentielles comme ceux qu'avaient établis, par la gravure manuelle, Leblond et Gautier entre autres.

D'ailleurs la pratique de la Chromolithographie enseignait déjà le moyen d'arriver, par la superposition repérée de plusieurs monochromes, à la formation d'une image polychrome plus ou moins semblable au modèle ; il s'agissait de remplacer par la photographie, moyen automatique, la sélection due à l'interprétation du chromiste.

Henri Collen fut un des premiers (1865) à chercher la réalisation de la photographie des couleurs dans cette voie.

Acceptant la théorie de Brewster, où étaient considérées comme primaires les trois couleurs, jaune, bleu et rouge, il propose la production d'un négatif séparé, par l'action de chacune de ces couleurs; puis la synthèse positive par la production et la superposition d'impressions de couleurs transparentes.

D'après lui, les négatifs exécutés sur de minces pellicules devaient être superposés deux à deux pour imprimer des images transparentes en trois couleurs; ainsi le négatif obtenu avec la lumière bleue et celui donné par la lumière jaune devaient être superposés et employés comme n'en formant qu'un seul pour l'impression du monochrome rouge.

Nous appelons l'attention sur ces indications parce que nous en retrouverons de semblables dans la publication d'un procédé plus récent.

Dans les propositions d'Henry Collen, il y avait deux erreurs capitales dont chacune, à part, devait être nuisible à la valeur du résultat.

D'abord l'idée des trois couleurs primaires adoptées d'après David Brewster; puis le fait de la superposition de deux négatifs pour l'obtention de la troisième couleur.

Vers la même époque, en Autriche, le baron Ransonnet a également fait connaître une méthode analogue mais défectueuse au point de ne pouvoir servir à un procédé correct de photographie trichrome.

En 1868, M. Louis Ducos du Hauron a pris un brevet pour une méthode de photographie trichrome très longuement élaborée et prévoyant diverses sortes d'analyses et de synthèses positives et négatives; puis un procédé dans lequel un seul écran, formé de lignes colorées juxtaposées, était substitué aux trois écrans colorés séparés, l'opération se trouve alors réduite à la production d'une seule image photographique (1).

Bien que Ducos du Hauron ait déployé une remarquable ingéniosité, il est à observer qu'il fut induit en erreur, au moins au début de ses recherches, par la théorie de sir David Brewster, ce qui atteignait gravement la valeur des méthodes qu'il proposait, au moins quant à la façon d'en réaliser l'application.

Presque à la même époque, M. Charles Cros publiait, dans le journal *Les Mondes*, un mémoire traitant d'un procédé d'héliochromie indirecte qui présentait, avec celui de Ducos du Hauron, une très grande analogie.

Ces deux inventeurs, travaillant chacun à l'insu l'un de l'autre, arrivaient presque simultanément à des solutions à peu près semblables.

L'idée mère de leurs procédés est celle-là même dont s'inspirait Henry Collen pour la production des trois couleurs primaires ou monochromes par la photographie.

Bien que Ch. Cros eût déposé à l'Académie des sciences, le 2 décembre 1867,

---

(1) Nous retrouverons plus tard une application de cette sorte due à M. Joly, de Glasgow.

un pli cacheté décrivant sa méthode, une discussion de priorité, d'ailleurs fort courtoise, surgit entre les deux inventeurs ; le brevet de Ducos du Hauron datant du 23 novembre 1868, Cros revendiquait un an de priorité constatée sans compter la priorité de publication.

Louis Ducos du Hauron, sans discuter l'exactitude des assertions de Ch. Cros, lui répondit qu'il avait, quant à la propriété scientifique de l'idée, des titres tout aussi respectables que les siens mais qu'il avait en plus la propriété industrielle résultant de son brevet.

M⁰⁰ Bucquet.   *Giboulées.*

« En examinant le mémoire où sont exposés les travaux de Louis Ducos du Hauron, écrivait Ch. Cros, et en les comparant avec les miens, j'ai reconnu que Ducos du Hauron ne connaît qu'un seul moyen d'analyse, c'est celui qui consiste à interposer successivement trois verres colorés devant le tableau à reproduire. J'ai décrit ce moyen sous le nom d'analyse par transparence comme cas particulier du procédé général, qui comprend aussi l'analyse par réfraction (successive ou simultanée) et l'analyse par éclairage monochrome. Ce dernier procédé me paraît cependant plus facile à expérimenter tout d'abord que les autres.

» Les procédés de synthèse de M. Ducos sont tous décrits dans mon mémoire sous les noms de *synthèse par réflexion* et *synthèse par transparence* au moyen de positifs antichromatiques ; mais, en outre de ceux-là, je donne un procédé où la solution est indépendante de tous produits artificiellement colorés, c'est celui que j'ai nommé *synthèse par réfraction*.

» Ainsi donc ce qui appartient à M. Ducos du Hauron, ce sont ses procédés pratiques particuliers, et toutes recherches sont permises aux expérimentateurs, non seulement sur les procédés que M. Ducos n'a pas décrits, mais encore sur le moyen général qu'il a réalisé, pourvu que les procédés pratiques soient différents.

» Il y a là une voie ouverte où chacun peut entrer avec tout avantage ; le problème exige des conditions particulières qui appartiendront à ceux qui les fixeront les premiers » (1).

M. Louis Ducos du Hauron n'a soulevé aucune objection contre les assertions de son rival, mais il crut devoir revendiquer, comme un titre sérieux à son profit, l'obtention de résultats qui confirmaient pleinement les prévisions de Ch. Cros et les siennes.

« S'il est vrai, lui écrivait-il (2), que devant la science l'idée première l'emporte de beaucoup, en un pareil objet, sur la recherche et la découverte du moyen d'exécution, qu'à cela ne tienne, Monsieur, l'idée première nous appartient à l'un comme à l'autre. Tel est mon sentiment, telle est ma formule à l'aide de laquelle nous pouvons clore cet honorable débat, que vous avez eu raison de soulever. »

Maintenant que, par ces quelques extraits authentiques, se trouve nettement définie la situation de deux inventeurs, nous n'en dirons pas davantage quant à leurs droits de propriété communs ou distincts et nous résumerons sommairement le procédé de la photographie trichrome, quant à son essence.

Description du procédé de photographie trichrome. — En somme, il s'agit d'obtenir par la photographie, non plus directement les couleurs réfléchies, ainsi que le fait M. Lippmann, mais bien une série de monochromes qui, teints artificiellement et superposés, donnent la synthèse des couleurs composantes et par suite une contre-valeur de l'original, si l'analyse a été bien faite.

C'est, en un mot, pour répéter ce que nous avons déjà dit plus haut, un moyen de créer, avec l'aide de la photographie, par voie sélective ou d'analyse, les trois négatifs propres à la formation de trois monochromes essentiels.

Pour être plus clair encore, nous croyons devoir ajouter que la méthode en question a pour objet l'exécution automatique d'un travail que l'on ne pouvait précédemment accomplir que par voie d'interprétation et d'une façon fort incomplète.

C'est une méthode néanmoins compliquée, vu le nombre des facteurs divers concourant à la formation de l'œuvre complète.

Toutefois cette méthode peut se concilier avec une mise en œuvre vraiment industrielle et dont on obtient maintenant des résultats fort remarquables.

---

(1) *Bulletin de la Société Française de Photographie*, année 1869, page 179.
(2) *Ibidem*, même page.

Le point important, dans l'application du procédé de reproduction indirecte, ou trichrome, consiste dans la copie triple de l'objet à photographier ; on en fait trois négatifs distincts, ayant absolument les mêmes dimensions, mais offrant des contrastes différents suivant qu'ils ont pour office de reproduire, l'un, les rouges du modèle plus spécialement, l'autre, les bleus, et le troisième, les jaunes.

Cette analyse implique l'emploi de plaques de sensibilités diverses utilisées chacune avec le concours de l'écran coloré qui correspond à sa sorte de sensibilité spéciale.

Ici un mot d'explication est nécessaire :

On a remarqué que les couleurs principales, ou primaires, du spectre ne sont pas, ainsi que l'avait indiqué Brewster, le jaune, le bleu et le rouge, mais que ce sont les complémentaires de ces couleurs, soit le rouge orange, le vert jaunâtre et le violet.

Les plaques à employer doivent donc être particulièrement sensibles au rouge orange, au vert et jaune et au bleu violet. Les rayons réfléchis ne doivent arriver jusqu'à chacune des plaques sensibles qu'après avoir traversé, les uns un écran rouge orangé, qui élimine les radiations vertes, jaunes et bleues, les autres un écran vert jaunâtre, qui élimine les rouges, les verts bleus et les bleus violets, enfin les troisièmes un écran bleu violet qui élimine les rouges, les jaunes et les verts.

C'est ainsi que se fait l'analyse des radiations primaires. Muni de ces trois négatifs, il reste à en tirer des positifs, soit à préparer la synthèse ; on procède alors comme il suit :

Le négatif du rouge orangé sert à obtenir le positif du bleu, celui du vert jaunâtre donne le positif du rouge et enfin le positif du jaune est obtenu avec le négatif des radiations bleues et violettes.

Ces trois couleurs doivent correspondre exactement aux trois couleurs complémentaires des écrans colorés.

Il a été démontré que le mélange des trois couleurs, employées à l'exécution des écrans, forme du blanc s'il est obtenu à l'état de radiations.

D'autre part il a été constaté que le mélange de leurs complémentaires, à l'état de pigment, et au maximum d'intensité, donne du noir ; et c'est cette observation qui conduit à procéder ainsi qu'il vient d'être dit.

Dans la synthèse positive le blanc est formé par le papier lui-même et le noir résulte de la superposition immédiate du rouge, du jaune et du bleu, et ce sont précisément les complémentaires de ces trois couleurs qui, mélangées à l'état de radiations, également au maximum de leur intensité, donnent du blanc ; le noir résultant, dans ce cas, de l'absence absolue de toute radiation visible.

Dès que par une des méthodes d'impression ci-après, telles que : procédé au charbon avec pigments colorés dans la gélatine, procédé à la gélatine bichromatée avec teintures subséquentes, procédés de typographie ou de gravure en creux avec tirages successifs des trois monochromes chacun de sa couleur, on groupe les trois images distinctes de façon à les juxtaposer d'une manière parfaite, on a la synthèse des parties composantes, d'autant plus exacte, que l'analyse a été mieux faite.

Pour les épreuves destinées à être vues par la lumière transmise soit en projection ou au stéréoscope, on emploie des procédés où la couleur est donnée à chacun des monochromes par voie de teinture.

Mais, pour l'illustration du livre, on a surtout recours à la phototypographie tramée qui, entre les mains des praticiens habiles, donne des résultats vraiment beaux, ainsi que le prouve le spécimen dû à la Société Lyonnaise de Photochromogravure qui figure dans ce rapport.

Quel est l'avenir réservé à ces méthodes très ingénieuses ? C'est ce que l'on ne saurait prévoir encore ; pourtant il semble certain que la photographie trichrome, étudiée et appliquée par de nombreux chercheurs et industriels, ne pourra que tendre vers d'incessants perfectionnements.

Il ne paraît pas probable qu'un moyen direct puisse être appliqué à l'illustration du livre, mais, en attendant qu'il soit trouvé, si jamais il l'est dans des conditions de pratique industrielle, il n'est pas douteux que la sélection photographique, de mieux en mieux réalisée, rendra à l'art des impressions polychromes des services de plus en plus utiles et fréquents et produira des œuvres toujours plus satisfaisantes.

Tel était l'état de cette question lors de l'Exposition universelle de 1889 ; nous nous sommes borné à le résumer et à montrer, par les faits eux-mêmes, la grande part qui revient à la France dans la photographie directe et indirecte des couleurs. Heureusement, grâce à une noble émulation, ces méthodes ont trouvé, un peu partout, disposés à les étudier et à les appliquer, de savants chercheurs et d'habiles industriels ; elles vont se généralisant de plus en plus et avec des succès assez rapides pour qu'il ne paraisse pas téméraire de s'attendre à de bien plus surprenants résultats dans un avenir relativement prochain, et un jour viendra, sans doute, où les livres seront tous illustrés en couleurs comme ils le sont actuellement à l'état simplement monochrome.

L'art de la monochromie photographique, déjà si fertile en superbes résultats, devra forcément avoir pour complément l'art de la polychromie, bien autrement attrayant et fécond.

CONCLUSION

De ce très rapide examen des progrès accomplis en Photographie depuis sa découverte jusqu'en 1889, époque à laquelle se trouvait limitée la période des travaux susceptibles de figurer au Musée centennal, il résulte que, grâce aux recherches des Savants pour perfectionner les méthodes et les procédés, grâce aux études des Amateurs et d'un certain nombre de Professionnels en vue de lui faire attribuer la place qui lui revient parmi les arts graphiques, grâce à l'ingéniosité apportée par les Constructeurs dans le perfectionnement des appareils, la Photographie a déjà pris une place considérable dans toutes les branches des connaissances humaines.

La Science, l'Art et l'Industrie ont trouvé en elle un aide puissant qui a contribué largement à leur propre développement : l'Exposition de 1900 en témoignait surabondamment, la Photographie s'y trouvant représentée sous une forme quelconque dans presque toutes, pour ne pas dire dans toutes les Classes.

Loin d'être achevée, son œuvre commence : chaque jour, devant elle, s'ouvrent des horizons nouveaux, chaque jour elle réalise de nouvelles conquêtes. L'avenir lui appartient, et nul ne saurait assigner de limites au domaine qu'elle a si rapidement conquis et qu'elle ne cesse d'étendre en s'associant à toutes les manifestations de l'activité et de l'intelligence humaines.

En terminant ce rapport, nous tenons à remercier toutes les personnes qui ont consenti à se dessaisir pendant de longs mois de précieux objets de leurs collections pour les faire figurer dans les vitrines du Musée centennal, et qui nous ont autorisés à les reproduire ici.

Nous devons un témoignage de notre reconnaissance aux graveurs et imprimeurs spéciaux du concours généreux et empressé qu'ils nous ont accordé.

M. Dujardin a bien voulu graver pour nous une nouvelle planche du portrait de Niepce; M. Bergeret et MM. Berthaud frères nous ont offert les beaux tirages photocollographiques qui figurent dans ce rapport.

MM. Geisler, Huillard et Ducourtioux, J. Malvaux, H. Reymond ont exécuté sur notre demande une importante série de photogravures qui ont été imprimées dans le texte même, nous permettant ainsi d'illustrer luxueusement ces pages. La Société Lyonnaise de Photochromogravure a mis à notre disposition deux belles planches, dont une en couleurs, gravées et imprimées dans ses ateliers.

MM. Carpentier, Gauthier-Villars, Guerry, Lumière, Manzi, le Photo-Club de Paris, la *Revue Encyclopédique* nous ont confié un grand nombre de clichés leur appartenant.

Enfin, pour compléter notre œuvre, M. Wittmann s'est chargé du tirage de l'héliogravure de M. Dujardin, sur papier des Manufactures de Rives offert gracieusement par MM. Blanchet frères et Kléber, et M. Belin a apporté tous ses soins à l'impression de notre rapport.

A tous nous adressons nos très vifs remerciements pour leur précieuse collaboration, qui nous a permis de donner à ce travail un intérêt et un charme qui, sans elle, lui auraient certainement fait défaut.

A. D. — M. B.

R. Demachy.

LISTE DES EXPOSANTS.

DU MUSÉE CENTENNAL DE LA CLASSE 12

Balagny (G.).

Barbichon (A.).

Becquerel (A. H.).

Berthaud (Mme).

Bertillon (A.).

Bigo.

Block Fils.

Braün, Clément et Cie.

Bucquet (Maurice).

Calmettes (L.).

Cousin (Pierre Auguste).

Darlot (Mme).

Davanne (A.).

Deleuze-Sauvan (Mme).

Drouet.

Duchesne.

Ducos du Hauron.

Firmin-Didot (Alfred)

Fleury-Hermagis.

Fossez (comte des).

Gayffier (E. de).

Gendraud (A.).

Gilles (Mme veuve).

Jalette (François de la).

Janssen (J.).

Lagrange (Fernand).

Lassalle.

Londe (Albert).

Loreau (Mme).

Lumière et ses fils.

Manzi, Joyant et Cie.

Marey (le docteur).

Martin (Charles).

Mathieu (Mlle A.).

Meheux (Félix).

Mieusement (Médéric).

Monpillard.

Nadar (Paul).

Pector (S.).

Péligot (Maurice).

Photo-Club de Paris.

Radiguet et Massiot.

Richard (Jules).

Richtenberger (Mme C.).

Société Française de Photographie.

Thouroude (E.).

Varsavaux (Mme).

Vidal (Léon).

Villain (Alfred).

7

TABLE DES PLANCHES

HORS TEXTE

TABLE DES FIGURES

DANS LE TEXTE

TABLE DES MATIÈRES

SAINT-CLOUD. — IMPRIMERIE BELIN FRÈRES

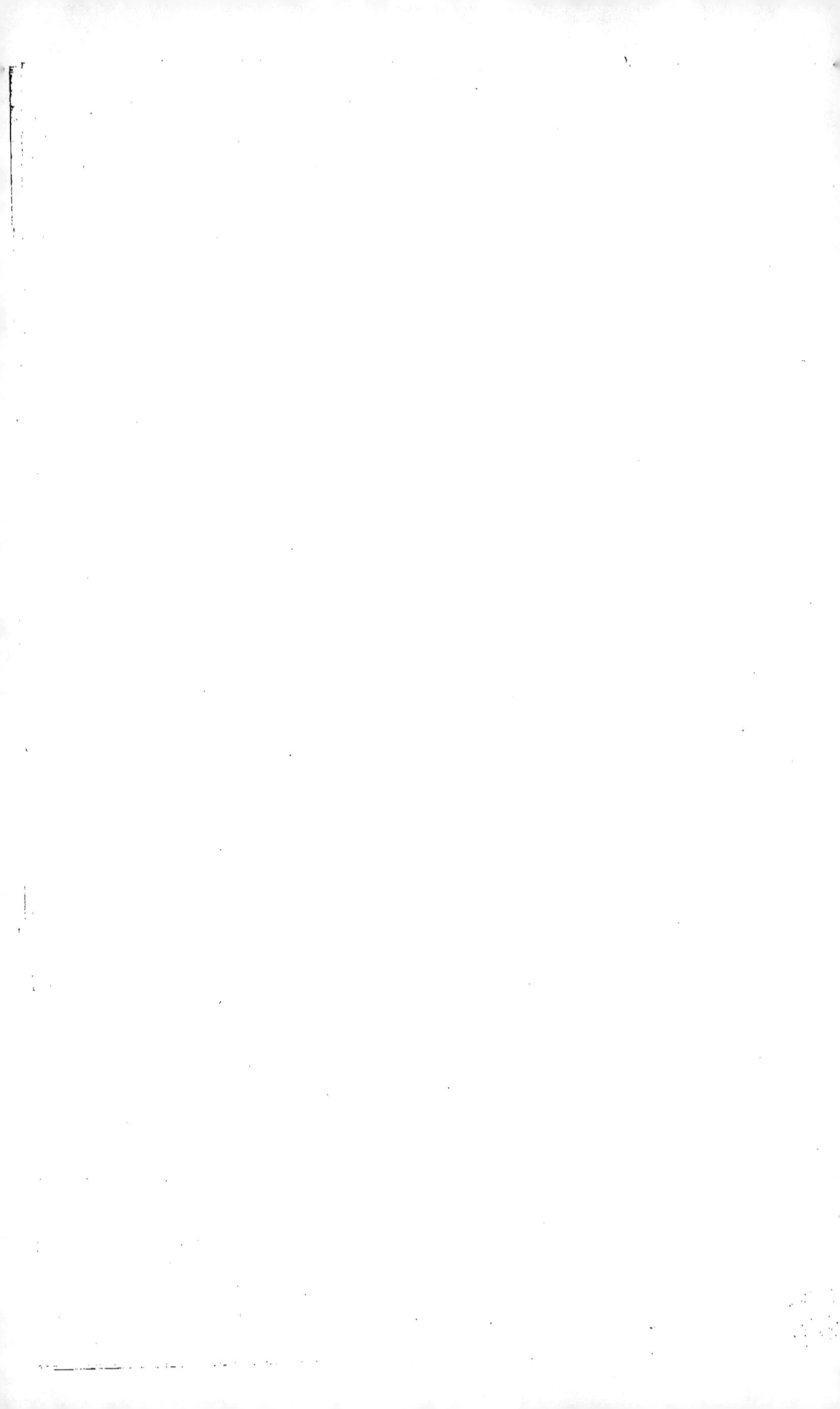

www.ingramcontent.com/pod-product-compliance
Lightning Source LLC
Chambersburg PA
CBHW071828090426
42737CB00012B/2207